Emotionssoziologie/ Kritische Theorie

Kritische Theorie Bd 1
(Von Adorno zur humanen Zukunftsgesellschaft)

Empörung der Bürger Bd 2

Zeitalter des Emotionalismus Bd 3

Theorie der Emotionen Bd 4

Theorie der kognitive Psychologie unter
Berücksichtigung der Phänomenologie Bd 5

Neuerscheinungen

Gebundene Bücher bei Amazon erschienen

E-Books, Hubertus Ihn, unter Amazon, Kindle

Vita

Leseproben:

Aus: Die sechs positiven Gefühle. Und aus: Die
Kunst der Gefühle

1. Kritische Theorie Bd 1 (Von Adorno zur humanen Zukunftsgesellschaft)

Analyse

Folgen

Bisherige gesellschaftliche Reaktionen

10 Thesen zur Neuausrichtung der Gesellschaft

Exkurs: Wirtschaftliche Situation

Analyse

Einer meiner Freunde, ein ungewöhnlicher Mensch, der in einem Bauwagen in München wohnt, der mehrere Jahre bei die Indianern in Mexiko, in der Nähe von Oahakka lebte, als Stewart mehrere Jahre zur See fuhr und mit seiner Frau und seinen drei nicht schulpflichtigen Kindern von München über Moskau nach Ulan Bator, in sieben Monaten mit einem umgebauten Lastwagen im Jahr 1982 hin und zurück fuhr, sprüht vor Witzen.

Wenn wir über Philosophie reden aber auch über andere Themen, ist es für ihn zwingend notwendig lustige Begebenheiten, Witze und Paradoxien zu erzählen, um den ernsthaften Charakter der Gespräche aufzuhellen und aufzulockern. Eben eine lustige Stimmung zu erzeugen.

In der gleichen Weise möchte ich Ihnen und mir den philosophischen Stoff vermitteln. Lange überlegte ich mir, ob ich einen Beitrag verfassen wollte.

Folgender Ausspruch von ihm, kennzeichnet gut den Zustand der Weltbevölkerung und deren Basiswerte, die aus Wissenschafts- , Technik- und Ökonomieorientierung bestehen.

Das geistige Loch wurde mir zu groß, so dass ich Angst hatte hineinzufallen.

Operative Hektik ersetzt geistige Windstille!

Nun, ich möchte nicht das gesamte lustige Pulver verschießen.

Das Kulturmagazin von 3sat sendete am 23.4.2015 einen Beitrag über Adornos, „Kritische Theorie". Diese beiden Ereignisse bewegten mich, trotz vieler Bedenken, einen Beitrag zu verfassen.

Obwohl die geistigen Väter und Mütter der 68 er Befreiungsbewegung, die Existenzialisten, wie Sartre, Beauvoir und andere waren und die politischen Umsetzungen in Deutschland von denen, nun in ihrer bürgerlichen Behaglichkeit verweilenden Köpfen, Schröder, Fischer sowie Cohn Bendit vollzogen wurden, sind die philosophischen Hauptakteure: Adorno und Popper. In diesem

Zusammenhang sei noch darauf hingewiesen, dass Helmut Schmidt und Popper persönliche Freunde waren. Schmidt der Verfechter der popperschen kritischen Rationalität mit dem Schwergewicht auf Wirtschaft, Wissenschaft und Technik.

Ich will sie und mich nicht mit den Details und Tiefen des Popper/Adorno Streits langweilen.

Der Kern der Auseinandersetzung ist: Adorno behauptete, dass es keine wertfreie Wissenschaft gäbe. Die grundlegenden Werte bezeichnete Adorno als Basiswerte.

Popper dagegen stellte die These auf, wissenschaftliche Betätigung beruhe auf einem rationalen und logischen Vorgehen und sei wertfrei.

Ich unterstütze Adorno und stelle die These auf:

Ob sich eine Gesellschaft vorwiegend mit der Erforschung von Naturwissenschaften und Ökonomie oder sich mit der Erforschung von Gefühlen und emotionaler Freiheit beschäftigt, das ist eine Frage der grundlegenden Ausrichtung der Werte einer Gesellschaft.

Allerdings stößt die praktische Umsetzung, wie ich im folgenden darstellen möchte, auf erhebliche Probleme und Widerstände.

Ein Zurückziehen in die bürgerliche Behaglichkeit ist deshalb auch verständlich.

Der Atheist Sartre soll am Ende seines Lebens religiös geworden sein. Sartre und der französische Arbeiterführer Benni Levi, später sein Sekretär erklärten, es sei nicht möglich die Gesellschaft zu verändern. Benni Levi lehrt in Tel Aviv Philosophie und hat sechs Kinder.

Anzumerken sei, dass gemäß des Kulturmagazin von 3sat, die RAF, der gewalttätige Arm der kritischen Theorie von Adorno, ein unrühmliches Ende gefunden hat.

Zurück zu den Hemmnissen der praktischen Umsetzung der kritischen Theorie, die Erforschung der Basiswerte und der naturwissenschaftlichen, ökonomischen Lastigkeit der Wissenschaft sowie des geringen Interesses der Gesellschaft an psychologischen, gefühlsmäßigen und emotionalen Fragen.

1. Die amerikanische Regierung hat nach dem Ende des Vietnamkriegs eine halbe Milliarde Dollar für die psychologische Forschung ausgegeben, um das Problem ihrer traumatisierten Soldaten zu lösen. Der Templeton Fund Besitzer und anderer wohlhabende Privatpersonen haben in die psychologische Forschung u.a in die Glücksforschung von Professor Seligmann investiert. Ergebnisse gab es nur geringfügige. 60.000 amerikanische Veteranen, mehr als in Vietnam gefallenen Soldaten, nahmen sich das Leben.

2. Die von 1950 von 2 Milliarden um über 5 Milliarden auf über 7 Milliarden angewachsene Weltbevölkerung erfordert für ihr Überleben angeblich naturwissenschaftliche und ökonomische Lösungen. Eine Entwicklungspolitik, außer in China, die auf ein Einhalten dieser katastrophalen, schon als wahnsinnig zu bezeichnende Entwicklung ausgerichtet istje, ist nicht in Sicht. Das System, inklusive ihrer Hilfsorganisationen und die religiösen Werthaltungen stehen einer Problemlösung in diese Richtung im Wege.

3. Finanzpolitischer Maßnahmen, die dem Bankensystem und den Kapitalstock Inhabern bzw. Investoren dienen und auf Kosten der ärmeren auf Arbeit angewiesenen Bevölkerung gehen

4. Förderung von sinnloser Technologie, Prestige-, und Bauprojekten, die den Investoren und

einer Vermassung dienen

5. Erhöhung des Leistungsdrucks, der bereits im Kindergarten und der Schule beginnt

Das Ergebnis ist automatisierte, mediale in Megastädten lebende Massenmensch.

Toll was?

Schöne neue Welt!

Das ist die Zukunft unserer Jugend, in der ich nicht leben möchte!

Miteinander spielen und Spaß haben, verboten! Stattdessen Spielekonsolen, Handy- und Tablettspiele und eine sich verbreitende Melancholie, Trauer, Depression, Unruhe, Schizophrenie, Angst und persönliche Kommunikationslosigkeit.

Der Umweltdruck aufgrund, der sich stark vermehrenden Weltbevölkerung und eine mangelnde kreative Theoriebildung sowie Systemstabilisierende Interessen verhindern den Wissenszuwachs, der die Probleme lösen könnte. Naturwissenschaftliche und ökonomische Basiswerte richten die Gesellschaft aus und führen so zur Katastrophe. Diese Katastrophe wird dann als Gott gegeben angesehen.

Wo war ich als ich mich so dringend brauchte?

Was ist der Unterschied zwischen einem Schizophrenen, einem Romantiker und einem Psychiater/Banker?

Der schizophrene baut ein Luftschloss.

Der Romantiker wohnt darin.

Der Psychiater bzw. Banker kassiert die Miete.

Die Folgen

Umweltzerstörung

Kriege

Terrorismus

Politische Spannungen

Verarmung weiter Teile der Weltbevölkerung

Innerstaatliche Verteilungskonflikte

Automatenhaftes Verhalten der Menschen (Seelische Verarmung und Verrohung)

Trauer, Depression, Melancholie, Unruhe (ADHS) und Angst verbreiten sich

Unbefriedigende persönliche Gespräche

Katastrophen nehmen ungeahnte Ausmaße an

Bisherige politische und gesellschaftliche Reaktionen

Schutzmaßnahmen gegen die Umweltzerstörung (Endlose, teure und fruchtlose Konferenzen) sowie Detailmaßnahmen von Nichtregierungsorganisationen und Pressure Groups

Unfruchtbare Friedensverhandlungen und Appelle, weil man die eigentlichen Probleme nicht sehen will

Aufrüstung und Abwehr des Terrorismus aber keine Ursachenbehandlung

Finanzpolitische Maßnahmen der Zentralbanken und des IWF, die die Kapitalakkumulation der Reichen fördern und die Ärmeren unter größerem Druck setzen

Waffenlieferungen an die vermeintlich Guten oder den eigenen Interessen Dienenden

Förderung der Vermassung und Medienorientiertheit

Verabreichung von Medikamenten (Psychopharmaka), wie Antidepressiva, Stimmungaufhellern (Prozac), Beruhigungsmitteln und Neuroleptika

Ausweitung der Anzahl der Medien und ihre Förderung

Wenige prophylaktische Maßnahmen zur Katastrophenbegrenzung

Operative Hektik ersetzt geistige Windstille

Die zehn Thesen

Eine generelle und eine Entwicklungspolitik, die auf Bevölkerung Stabilisierung bzw. Reduzierung zielt

Eine Steuerpolitik, die Arbeit entlastet und Kapitaleinkommen belastet

Eine Förderung zum Aufbau des Kapitalstocks der ärmeren Bevölkerungsschichten

Eine höhere Besteuerung von Luxusgütern

Eine Verminderung der Arbeitszeit

Eine Stärkung der persönlichen Kommunikation und der Kommunikation in der Familie

Eine geringere Förderung von Massenveranstaltungen und Förderung der persönlich zwischenmenschlichen Kommunikation

Weniger auswendig lernen und eine geringere Leistungsanforderungen an Kinder und Jugendliche

Den Menschen und die Familie in den Mittelpunkt stellen und nicht die Masse und die Einschaltquoten

Gespräch in der Familie, unter Freunden und in der Gesellschaft und nicht Talk im Fernsehen

Förderung der Bewusstwerdung von Emotionen und Gefühlen

Exkurs: Wirtschaftliche Situation

Die Befriedigung der niedrigen Triebe der Masse ist das Ziel des Kapitalismus? Infrage stellende Ziele, der wie auch immer genannten Marktwirtschaft, gibt es so gut wie nicht? Am Rande der Gesellschaft gab und gibt es Bewegungen, wie Occupy Wallstreet. Demonstrationen die hier und da die mediale Aufmerksamkeit erlangen. Ein infrage stellen der ökonomischen Struktur, findet im Kern der gesellschaftlichen Interessen nicht statt. Die Probleme sind vielfältig, die Interessenverschleierung groß. Ein krisenhaftes Geschehen , das Angst verbreite, stellt sie ein.

Die Industrialisierung versucht mittels einer Wettbewerbswirtschaft die massiv wachsende und existierende Bevölkerung mit Gütern zu versorgen. Die davon ausgehenden Triebkräfte der riesigen Gesellschaft treiben die Technisierung und Ökonomisierung voran. Die Lebensweisen der Industriegesellschaften sollen durch Globalisierung auf die nicht industrialisierte Welt übertragen werden. Kleine Gruppen der Gesellschaft, wie die grünen Umweltgruppen haben bereits festgestellt, dass sich damit eine Umweltkatastrophe anbahnt. Will ich die bereits existierenden 7 Milliarden Menschen und die noch dazu kommenden mit Infrastruktur, Verkehrsmitteln, Energie, Nahrungsmitteln, Wasser und Wohnung versorgen, so kommt es zu einem Show-down, der die Umwelt erschüttert und massive Konflikte produziert. Die Ressourcen bestehend aus Umwelt, Natur, Energie und Wasser reichen zur Versorgung der Menschen nur begrenzt aus. Klimatische Veränderung verstärken den Druck erheblich.

Kommen wir zu einer globalen Bestandsaufnahme der realen Probleme. In den letzten 60 Jahren, das ist das Hauptproblem, hat sich die Menschheit von 2 Milliarden um 5 Milliarden auf 7 Milliarden Menschen vergrößert. Das Wachstum der Spezies Mensch ist in vielen Teilen der Welt ungebremst. Alle diese Menschen möchten menschenwürdige Wohnung, Mobilität, Nahrung, gesunde Umwelt, Freizeit usw. Somit liegt das Hauptproblem in der unverhältnismäßig großen Anzahl der Menschen und deren ungebremsten Zunahme.

Nur einzelne Länder versuchen das Bevölkerungswachstum zu bremsen. Die Mehrheit auch die Pressure Groups schauen dem ungerührt zu und versucht in Form von Schützen der Umwelt, eine zwar lobenswerte aber nur symptomatische Behandlung des Problems. Die Gigantonomie der Industrialisierung setzt ihren Siegeszug mehr oder weniger ungebremst, außer von ein paar Demonstrationen flankiert, getrieben durch die Bedürfnisse der unbegrenzten Population der Gattung Mensch, fort.

Die aufgezeigten Probleme müssen quer durch alle gesellschaftlichen Gruppen auch der Religion und der politischen Eliten als Erstes angegangen werden. Hierüber gibt es kein öffentliches Bewusstsein und Interesse. Ein Beispiel ist Java: 2 Millionen Einwohner um 1900, heute geschätzt zwischen 130-170 Millionen. Weitere Regionen u.a. Afrika, weite Teile Asiens, Süd-und Mittelamerika sind von der zunehmenden Überbevölkerung gekennzeichnet.

Neben dieser Überbevölkerung gibt es weitere Problembereiche. Es stellt sich die Frage, was produziert die industrialisierte Welt? Ein Teil der produzierten Güter, ein meiner Meinung nach geringer Teil (es wäre statistisch zu untersuchen) dient der Befriedigung von so genannten Grundbedürfnissen. Ohne mich in die Details darüber zu verlieren, nenne ich einige Produktgruppen wie Nahrung, Kleidung, sowie Maschinen zu deren Erzeugung, Gesundheitsprodukte, Wohnungen, Mobilität-und Freizeitprodukte.

Mit den Mobilität- und Freizeitprodukten stellt sich bereits die Frage der Sinnhaftigkeit der Produkte, sicherlich auch in geringem Ausmaß für die vorgenannten Produkte wie Wohnung, Nahrung usw. Die Sinnhaftigkeit der Produkte ist eng verknüpft mit der Exklusivität der Güter. Die Exklusivität ist gekennzeichnet durch das Prestige und den hohen Preis der Produkte. Exklusive Produkte definiere ich als höherwertige Produkte, die weit über ihren Grundnutzen oder Anmutungsnutzen hinausgehen.

Empirische Untersuchungen zeigen, dass die Menschen in 3-4 Gruppen eingeteilt werden können, die je nach Produkt, Kaufkraft emotional Grundpositionen und volkswirtschaftliche Situation der Länder verteilt sind. Es kann unterschieden werden in die von:

-Sparsamkeit

-Mode (Design)

-Erlebnisorientierten

-Prestigeorientierten

gekennzeichneten Zielgruppen.

Sparsamkeit orientiert sind im Mittel ca. 30 % aller Käufer oder Käufer in den industrialisierten Ländern.

In den anderen drei Gruppen stellt sich mehr oder weniger das Problem der Exklusivität, insbesondere im Bereich der prestigeorientierten Produkte. Hier handelt es sich um extrem teure Produkte, wie die meisten PKW, exklusive große Wohnungen, Kleidung, Hotels,Yachten aber auch viele Produkte des täglichen Bedarfs wie teure Restaurant, Accessoires (Schmuck usw.). Es wäre zu ermitteln wie hoch der Anteil der exklusiven Produkte, an der Welt Güterproduktion von 62 Billionen ist. Eine Aufgabe der Volkswirte. Mit dieser Frage befinden wir uns im Hauptproblembereich der so genannten Marktwirtschaft und des Kapitalismus. Die exklusiven Produkte sind zwar ein Hauptproblem des Kapitalismus. Gesamtgesellschaftlich sind sie aber nur ein Sekundärproblem.

Häufig versperrt das Offensichtliche den Blick auf das eigentliche Problem. Das gesellschaftliche Primärproblem ist die Verteilung des erwirtschafteten Geldes. Diese Frage wird häufig mit der Neiddiskussion oder dem berechtigten Interesse der Nutznießer dieser Verteilung abgebügelt. Es wird im Kern der gesellschaftlichen Systeme tabuisiert. Die Frage stellt sich welche Teile der

Gesellschaft profitieren von der gegenwärtigen Verteilung und welche Teile profitieren weniger davon. Insbesondere in den letzten 30 Jahren profitiert von den gegenwärtigen Verteilungssystem der Länder ohne dass sich speziell auf kleinere Gruppen eingehen möchte, das Finanzsystem. Laut Zeitungsberichten hat das gesamte Finanzsystem ein Volumen von 960 Billionen € bzw. Dollar. Die Weltgüter Wirtschaft produziert Güter im Wert von 62 Billionen € bzw. Dollar. Das Finanzsystem ist 15 mal größer als das Bruttoinlandsprodukt der Nationen. Eine entscheidende Schieflage des Marktwirtschaftssystems. Die berechtigte Akkumulation eines Kapitalstocks ist völlig aus dem Ruder gelaufen.

2. Empörung der Bürger

Prolog

Die Schulpolitik anhand eines aktuellen Beispiel

Die Steuer und Abgabenpolitik und die Verteilung

Die Medienpolitik

Die systemische Ohnmacht

Exkurs. Wettbewerbswirtschaft

Ein zynischer Beitrag eines empörten 65 jährigen Bürgers I.R. Gendwer (Nicht vom Autor)

Prolog

Die Intelligenz folgt euch auf Schritt und Tritt aber ihr seid schneller!

Kommt Freunde und hört mich an, die ihr noch nicht vergiftet seid. Wacht auf und steht euren Mann und hört auf die Zeichen der Zeit. Es wird Zeit, dass ihr euch endlich wehrt gegen sinnlose Demonstrationen. Sie haben euch nur hassen gelehrt und werden sich deshalb nicht lohnen.

Der Vater verachtet den Sohn ob seiner so spießigen Normen. Er träumt von der Revolution und hält nichts von bloßen Reformen und dann ist er doch etabliert und sitzt vor dem Glozophon. Die Revolution ist krepiert, die herrliche Revolution!

Die Reise an das Ende des Verstandes ist für viele nur ein ganz kurzer Ausflug!

Die Fantasie ist etwas, was sich viele nicht vorstellen können.

Wer kriecht kann nicht mehr hinfallen.

Die Schulpolitik anhand eines aktuellen Beispiel

Ein guter Freund, von Beruf erfolgreicher Arzt mit einer großen Praxis in München und seine äußerst wohlhabende Frau haben zusammen einen Sohn, der in die erste Klasse des Gymnasiums geht. Der Arzt, Primus auf dem Gymnasium und im Studium aus kleinen bäuerlichen Verhältnissen stammend erzählt mir folgende Geschichten:

Sein Sohn, in der Grundschule noch jeden Nachmittag Fußball spielend, musste das Fußballspielen mit seinen Kameraden aufgeben, da diese aufgrund von Schularbeiten nicht mehr in der Lage waren dafür die Zeit aufzuwenden. Stattdessen spielt er jetzt mit den jüngeren Grundschülern Fußball. Der Sohn ebenso Primus in der Grundschule und im Gymnasium kommt jeden Tag nachhause und geht sofort in sein Zimmer, um zu spielen. Dann geht der Fußballspielen und abends für diese Schularbeiten erledigt.

Das Wochenende fällt familiär mehr oder weniger flach, aufgrund der vielen Schularbeiten, die zu leisten sind.

Die Schule befindet sich in einer Kleinstadt auf dem bayerischen Lande. Am ersten Tag der ersten Stunde kommt eine Lehrerin in die Klasse und sagt: „Es gibt jetzt vier Klassen am Ende des Schuljahres werden es nur drei sein." Das war die Begrüßung!

Der Primus kommt nachhause und sagt zu seinem Vater: „Die Kindheit ist vorbei!"

Nicht konformes Sozialverhalten wird von den Lehrern mit schlechten Noten bestraft.

In Musik wird die Zauberflöte von Mozart vorgespielt und die Fünfklässler sollen die Noten aufschreiben. Auswendiglernen wird groß geschrieben.

Am Abend nach der Kommunion setzt sich der Sohn zu seinem Vater und fragt ihn:

„ Glaubst du an Gott?"

Der Vater, nicht in der Kirche als Agnostiker oder als Atheist zu bezeichnen, ist völlig überrascht.

Aufgrund der ländlich katholischen Gesellschaft ist seine Frau der Meinung, dass dieses Thema besser nicht mit dem Sohn zu besprechen sei. Das ist ihm seit längerem bekannt.

Geistesgegenwärtig sagt er: „ Wenn du 18 bist, reden wir über das Thema."

Der Sohn antwortet: „Ich glaube nicht an den Schmarrrn." Damit war das Thema beendet.

Ein Klima der Angst und des Leistungsdrucks wird in den Schulen verbreitet. Die Eltern tun ihr übriges dazu. Das ist zwar in diesem Fall nicht so. Insbesondere die Mutter erklärt dem Sohn, es ist nicht ratsam, deine Meinung zu sagen, das schlägt sich in schlechteren Noten nieder.

So wird der konforme, vereinzelte und automatisierte Massenmensch erzogen.

Die Steuer und Abgabenpolitik und die Verteilung

Die Wahrheit ist: ca. 40 % der Sozialabgaben, auch der Arbeitgeberanteil muss von dem Arbeitnehmer erwirtschaftet werden plus dem jeweiligen persönlichen Steuersatz von ca. 20-50 %, ab dem Grundfreibetrag müssen auf Arbeitseinkommen gezahlt werden. Es handelt sich also in der Regel um mehr als 50 % Abgaben auf das Arbeitseinkommen. Die Kapitalertragsteuern betragen dagegen nur 25 %. Unternehmensverkäufe sind seit Kanzler Schröders Entscheidung häufig steuerfrei obwohl der Wert des Unternehmens auch mit den Arbeitnehmern erwirtschaftet worden ist. Kapitalerträge und die Gewinne aus Unternehmensverkäufen sind Sozialabgaben frei.

Hieraus wird die Spaltung der Gesellschaft in immer größere Anteile ärmer und 30 % immer reicher werdender Gesellschaftsanteile gespeist.

Laut Zeitungsberichten hat das gesamte Finanzsystem ein Volumen von 960 Billionen € bzw. Dollar. Die Weltgüter Wirtschaft produziert Güter im Wert von 62 Billionen € bzw. Dollar. Das Finanzsystem ist 15 mal größer als das Bruttoinlandsprodukt der Nationen. Eine entscheidende Schieflage des Marktwirtschaftssystems. Die berechtigte Akkumulation eines Kapitalstocks ist völlig aus dem Ruder gelaufen.

Die Soziale Marktwirtschaft bzw. das kontrollierte kapitalistische System ist zur Zeit das beste wirtschaftliche System. Die Stellschrauben müssen verändert werden! Es muss eine andere Steuer-, Abgaben- und Verteilungspolitik eingeführt werden.

Die Medienpolitik

Ein ca. 70 jähriger Inhaber einer Autowerkstatt sagte mir 1990 in Hamburg:" Man muss zwischen der öffentlichen Meinung und der veröffentlichten Meinung unterscheiden!"

Neuerdings werden die Medien von Teilen der Gesellschaft öffentlich als Lügenpresse bezeichnet. Das Selbstverständnis der Medien ist eine objektive und investigative Berichterstattung. Größere Teile der Gesellschaft sind schon lange der Meinung, dass viele Veröffentlichungen tendenziös, systemstabilisierend, in geringem Maße System kritisch oder hinterfragend sind und es sich selbst bei öffentlich rechtlichen Nachrichten um eine subtile Propaganda handelt.

Aus welchen Gründen kommen nun Teile der Gesellschaft auf die Idee, die Medien verbreiten Lügen bzw. wie erfolgt diese subtile Propaganda? Jeder weiß sie die Nazi – Hetzpropaganda durchgeführt wurde. Mit dem Geschrei und Gekreische hasserfüllte Parolen. Das zieht im Moment nicht mehr so gut. Nur bei rechten Teilen der Gesellschaft.

Die derzeitige moderne subtile Propaganda geht anders vor. Einerseits durch Weglassen nicht genehmer Themen und andererseits durch Aufblähen von Einschaltquoten und leserorientierter Themen.

Eine weitere Möglichkeit bietet sich durch die plakative Wortwahl.

In Talkshows bietet sich die Möglichkeit des raschen Themenwechsel an oder wenn das nicht hilft, die Diskreditierung des Gesprächspartners oder Themas.

Als Beispiele seien hier zu nennen die ungerechte Abgabenlast zwischen Arbeitnehmern und Arbeitgebern bzw. die Abgabenlast auf Arbeit und Kapital. Wenn es sich um gewichtige Talkshow

Teilnehmer handelt, wie den Dm Drogerieketteneigentümer oder Augstein, die das Thema aufwerfen, wird vom Moderator rasch das Thema gewechselt. Handelt es sich um nicht so gewichtige Personen, so wird das Thema unter dem Begriff Neiddiskussion vom Moderator oder anderen Teilnehmern abgebügelt. Ansonsten wird in fast allen Medien nicht darüber berichtet. Medien schaffende, Politiker und sonstige Interessengruppen sind sich stillschweigend einig, das Thema zu tabuisieren und nicht in die Öffentlichkeit zu bringen. Das gelingt hervorragend. Es wird dann ein Nebenschauplatz, wie die kalte Progression eröffnet. Die Umsetzung wird immer wieder verschoben und als Marginalie irgendwann realisiert.

Die Wahrheit ist: ca. 40 % der Sozialabgaben, auch der Arbeitgeberanteil muss von dem Arbeitnehmer erwirtschaftet werden plus dem jeweiligen persönlichen Steuersatz von ca. 20-50 %, ab dem Grundfreibetrag müssen auf Arbeitseinkommen gezahlt werden. Es handelt sich also in der Regel um mehr als 50 % Abgaben auf das Arbeitseinkommen. Die Kapitalertragsteuern betragen dagegen nur 25 %. Unternehmensverkäufe sind seit Kanzler Schröders Entscheidung häufig steuerfrei obwohl der Wert des Unternehmens auch mit den Arbeitnehmern erwirtschaftet worden ist. Kapitalerträge und die Gewinne aus Unternehmensverkäufen sind Sozialabgaben frei.

Hieraus wird die Spaltung der Gesellschaft in immer größere Anteile ärmer und 30 % immer reicher werdender Gesellschaftsanteile gespeist.

Der Wildwuchs von immer mehr öffentlich-rechtlichen Programmen und ihren gleichartigen Inhalten wird durch eine Zwangsabgabe in Form einer Fernseh- und Radiogebühr alimentiert. Im Internetzeitalter haben sich viele jüngere Medienkonsumenten, aufgrund der Gleichförmigkeit und der subtilen Propaganda der klassischen Medien, von diesen Medien bereits verabschiedet.

Ein weitere und sehr subtile Form der Propaganda ist den verängstigten und traurigen Menschen, angstmachende Themen und Beiträge sowie tagtäglich traurige Katastrophenberichte vorzusetzen und sie damit emotional zu beschäftigen. Die Wirklichkeit findet dann eben nicht mehr statt.

Die systemische Ohnmacht

Das ist das interessanteste und komplizierteste Kapitel.

Der Drache der Werte (Nietzsche) ist hinsichtlich der Problematik der Überbevölkerung der Gattung Mensch nicht zu überwinden. In vielen Ländern und Kontinenten ist einerseits der Lebensraum zu knapp und andererseits die Fähigkeit zur Herstellung befriedigender Wirtschaftsleistungen zu gering. Die Eliten sowie die jeweiligen Völker sehen das nicht als Problem und als Ursache an.

Die Folgen sind: Flüchtlingsbewegung, ethnisch, wirtschaftlich und machtpolitisch begründete kriegerische Auseinandersetzungen (zum Beispiel Ukraine, Afrika), religiös, wirtschaftlich und machtpolitisch begründete Kriege (der Nahe Osten, Syrien, Irak, Jemen), wo sunnitische und schiitische und andere Gruppierungen um die Macht und den wirtschaftlichen Vorteil ringen.

Im weiteren werden andere Lebensformen verdrängt und der Lebensraum unerträglich (Mexico City, Jakarta, Java, Kairo, der indische Subkontinent und andere Megastädte.

Die Entwicklungspolitik muss auf eine Stabilisierung der Anzahl und Verringerung der Gattung Mensch ausgerichtet sein.

Die weiteren Ausführungen sind weitaus komplizierter. Gedanklich konstruierten Modelle, die auf so genannten erfolgreichen Werten beruhen (Basiswerte, Adorno; der zu überwindende Drache der Werte (Nietzsche) steuern die Systeme.

Mittels Naturwissenschaften und Technik können die Probleme bewältigt werden!

Die Ökonomie ist durch Wachstum, Vollbeschäftigung (Arbeit), staatlichen Konsum also dem kensianischen Modell,

der Wettbewerbswirtschaft (private Investitionen), dem Modell von Adam Smith

und der Geldpolitik der Notenbanken, Modell der Geldmenge und Zinsen zu steuern.

Die Steuer- und Abgabenpolitik wird insbesondere unter dem Blickwinkel der Versorgung der staatlichen Haushalte und der Aufrechterhaltung der Krankenkassen-und Rentensysteme gesehen.

Die Produktions - bzw. Wettbewerbswirtschaft wird durch Investitionen und Konsum gesteuert. Die technische Weiterentwicklung erzeugt in großem Maße unsinnige Produkte, wie Großprojekte (Nürburgring, Stuttgart 21, Hamburger Oper, Großflughafen Berlin, Freizeitparks und weitere sinnlose Infrastrukturprojekte), Fahrzeuge die völlig übertechnisiert sind und über Marken und Design gesteuerte Prestigeprodukte.

Diese Politik wird so weit getrieben bis ganze Staaten und Kommunen vor dem Bankrott stehen (Griechenland, Island, Portugal, Spanien, Malta, Kalifornien, Detroit und es werden sicher noch einige folgen), die Banken und Staaten nur mittels Steuergeld und den Zinsen auf Sparguthaben den Betrieb aufrechterhalten können und was das Schlimmste ist, weite Teile der Bevölkerung verarmen.

Das technisch, naturwissenschaftliche und ökonomische System dient den daran Partizipierenden und nicht mehr dem Gemeinwohl.

Die auf Werten und Prämissen beruhenden Modelle sind nicht mehr funktionsfähig und dienen nur noch den daran Profitierenden, sei es den Kapitaleignern und deren Vertretern, Politikern oder einen großen Teil der Medienschaffenden.

Jetzt spätestens treten die Vertreter der Eliten, der Demokratie und der Konsumentensouveränität bzw. Konsumentenfreiheit mit großem Geschrei auf den Plan. Ihre Interessen sind empfindlich gestört.

Sie ahnen zwar, dass etwas nicht stimmt! Aber das Prinzip gilt: „Rette sich wer kann" oder wir gehen gemeinsam in die Katastrophe und fangen neu an. Ich habe es zum Glück nicht erlebt! Ich glaube in der ersten Hälfte des 20. Jahrhunderts hat es das schon einmal gegeben. Viele meinen dann, es sei Gott gegeben und flüchten sich in die Religiosität. Andere suchen Schuldige. Einige sind vielleicht mehr Schuld anderer weniger, dennoch sind wir alle Schuld. Wir haben uns zu sehr vermehrt, haben an die falschen Modelle geglaubt und gemeint, es würde schon gut gehen. Es ging nicht gut. Und es wird nicht gut gehen. So nicht.

Gott den wir nicht erkennen wollen bzw. erkennen können schlägt in Form von Angst, Hass, Trauer, Leid, Schmerz sowie Gewalt und Armut zurück. Gott bewahrt die Schöpfung durch seine Dämonen (Mittler zwischen Gott und den Menschen), Angst, Hass, Trauer, Leid, Schmerz, Wut. Der Wut Bürger ist bereits geboren Die Angst, die Trauer, auch in Form der Depression und die Unruhe breiten sich aus. Das Unwohlsein und der Stress verbreiten sich. Doch die Politiker und

Mutti beruhigen uns. Das geflügelte Wort ist," das kriegen wir schon hin". Im wahrsten Sinne des Wortes. Sie haben sich unbewusst verraten.

Die positiven Dämonen (Mittler zwischen den Menschen und der höheren Welt), Liebe, Freude, Gelassenheit, Mut kommt nur noch in Form von Helden im Krieg vor, Wohlsein und Lust, kommt nur noch in Form von den Feind töten vor nehmen bis zum nächsten goldenen Zeitalter eine Auszeit.

Das logische, gedankliche und materiell orientierte Bewusstsein wird durch die Emotionen geschlagen.

Ich höre schon die Beschimpfungen, Defätist, Ungläubiger, Pessimist, Nestbeschmutzer, es klingt mir noch in den Ohren," geh doch rüber zu den Kommunisten."

Einer meiner Professoren sagte gerne, manche müssen Erfahrung machen und andere wissen es vorher. Deshalb wollte ich das nicht schreiben.

Ich bin mir so gut wie sicher, vor der Katastrophe, die noch lange hinausgezögert werden kann, wird dieser Beitrag entweder ignoriert oder verunglimpft. Ein Anstoß zur Diskussion, den ich mir erhoffe, ist unwahrscheinlich.

Wenn der Beitrag ein Echo erfährt, so höchstens in Randgruppen. Die zentral Gesellschaft hat erst nach der Katastrophe ein Interesse daran. Dann wird höchstwahrscheinlich meine Asche bereits im Meer verstreut sein.

Exkurs. Wettbewerbswirtschaft

Zum Zwischenstand des Ersten Weltkriegs gab es eine Aussage: „Was konnten 40 Millionen französische Bauern gegen 80 Millionen Deutsche Industriearbeiter tun!" Anzufügen sei: „Hatten 80 Millionen Deutsche Industriearbeiter eine Chance gegen 200 Millionen US Industriearbeiter?" Der Ausgang des Ersten und Zweiten Weltkrieges zeigte das Ergebnis.

Die Welt hat sich verändert! Elektronisch gesteuerte Waffen haben das Kommando übernommen und die Atomwaffen lauern im Hintergrund.

Wettbewerbswirtschaft heute?

Die Antwort ist auf einen kurzen Nenner gebracht: Was wollen Griechen, Italiener, Portugiesen, Afrikaner,viele osteuropäische Staaten usw. gegen hoch rationalisierte, strukturierte, computergesteuerte, von einem hohen Arbeitsdruck und Leistungsorientiertheit geprägte Nationen wie Deutschland, USA usw. wettbewerbswirtschaftlich unternehmen? Ich denke nicht viel! Diese Länder werden mehr oder weniger alimentiert werden, wenn sie die europäische Währung behalten.

Viele afrikanische Länder sind heute schon alimentiert und durch bilaterale Freihandelsabkommen wird ihre Wettbewerbsfähigkeit geschwächt. Die billigen Waren Europas werden auf die afrikanischen Märkte gedrückt. Hilfsorganisationen tun ein übriges.

Ein zynischer Beitrag eines empörten 65 jährigen Bürgers I.R. Gendwer

UN treue soll angeblich den Frieden sichern! Dabei ist ein gewisses Quantum an Unwahrheit Voraussetzung für einen dauerhaften Frieden. Kriege werden woanders ausgeheckt, dann in die Länder getragen und die Waffensysteme können aus vollen Rohren feuern. Zu Luft, Land und Wasser ist alles gesichert. UN vorteilhaft für die Betroffenen, doch man muss eben Opfer bringen. Dann entsendet man UN Friedenstruppen ins Land, setzt sich fest unter dem Motto „wir schützen euch". Einstein sagte einmal, es wird der Tag kommen, an dem die lebenden die Toten beneiden. Wovor schützen die Truppen, die Leute? Die Leute haben vorher nichts und haben jetzt nichts also wovor sollen sie geschützt werden?

Der angebliche Regent ist abgesetzt und ein neuer wurde vorübergehend eingesetzt, bis sich alles beruhigt hat.

Sie sagen sie bringen die Demokratie aber wenn ich die Demokratie mit Gewalt und Krieg erzwingen muss, so ist dann die Demokratie nur eine andere Diktatur. Man sagt den Betroffenen, dass man ihnen helfen will und dass ihr altes Leben jetzt ein anderes wird. Das Unvorstellbare wird wahr.
Sie glauben es. Sie lachen und halten kleine Fähnchen in den Händen und jubeln den Soldaten zu, wie kleine Kinder, wenn sie am Karneval dabei sein dürfen. Das ist unfassbar!

Es wird Ihnen eine neue. vorgezeichnete Ordnung gegeben, ihne die Vorteile erläutert und schon sind sie davon überzeugt, dass diese neue Ordnung nur zu ihrem Besten ist.

Man bringt Lebensmittel ins Land, füttert sie in die Abhängigkeit und sie sind glücklich und zufrieden. Die Toten sind vergessen. Das neue steht stark und mächtig über dem alten System und wieder ist ein Stück des Weges geschafft, dessen Auswirkungen keiner realisieren kann.

Kriege und Religionswahn seither die treibende Kraft, ganze Völker gefügig zu machen. Es ist unvorstellbar, dass sich etwas ändern wird, wenn es nicht im Sinne eines großen Planes wäre: Weltweite demokratische Diktatur. Die Demokratie ist die Diktatur der Mehrheit (Masse) (Habermas). In einem Wort gesagt: Globalisierung. Dem Ganzen fehlt dann nur noch eine Einheitsreligion, alle wären zufrieden!

Wer braucht schon 7 Milliarden Menschen für diverse Arbeiten, welche anfallen würden, um eine Hand voll Regierender zu ernähren? Zum Beispiel die Chinesen, die Inder, die Japaner.

Überall Menschen, kein ruhiger Platz mehr für einen ruhigen Moment, geschweige denn ein Platz zum ausruhen. Ungeachtet dieser Tatsachen, es muss etwas unternommen werden. Kriege gäbe es keine mehr, die Soldaten übernehmen wach Funktionen, um aufkeimende Unruhen zu unterbinden. Die Medizin hätte die Möglichkeit, mit Seuchen seine und den dafür bereitstehenden Gegenmittel, der Überbevölkerung entgegenzuwirken. Dann würde der Eid (Leben erhalten) des Hipppokrates zum Meineid.

Wenn es der Sache nützlich ist, drückt man schon einmal ein Auge zu, den Betroffenen gleich beide.

Irgendwann gab es schon einmal so etwas, damals hieß es, Endlösung. Schöne neue Welt. Endstation Sehnsucht. Im

Ein Haufen geistlich manipulierter, dahinvegetierender Menschen, die nur eine Aufgabe hätten, nämlich für das Wohl einiger weniger, zu dienen. Die Technologie würde alles überwachen, dafür hat man sie ausgebaut.

Wer in der Demokratie schläft, wacht in der Diktatur auf. Terrorismus ist Angst. Die Menschen haben Angst und aus diesem Grunde, muss man sie beschützen, damit sie wieder ruhig schlafen können. Man stellt für sie extra Truppen zusammen, die für ihren ruhigen Schlaf sorgen.

Sicherheit ist ein sehr dehnbarer Begriff.. Von dem Wort sicher, bis hin zu dem Wort todsicher. Die Ängste der Menschen sind nichts anderes als Unsicherheit, aufkommend aus einem leeren Gefühl, das sie nicht kennen! Terrorismus ist ein weiterer Punkt, um ihnen Angst zu machen.

Wenn etwas dagegen getan wird, was natürlich diverse neue Gesetze mit sich bringt, welche in Wirklichkeit der Regierung aber nicht den Menschen dienen, ist der Mensch beruhigt und er kann schön weiter schlafen.

Ihr Geld ist wertlos! Konfetti und Schrott und nichts weiter! Gold ist die einzige Währung auf der Welt, die ihren Wert stets behält. Solange die Menschen sich mit ihren bunten Schnipseln und Metallplättchen beschäftigen, wird mit dem Gold spekuliert und verdient. Gold zu Gold während die Menschen in schweißtreibende Arbeit und unter größten Opfern, ihre kleinen Wünsche vom Munde absparen.

Und was sie nicht alles auf sich nehmen! Miete, Steuern, Versicherung, Renten-, Sozialversicherungen, Altersversicherungen, Pflegevorsorgeversicherungen, Hausratsversicherungen usw.. Es kommt einem der schöne Satz in den Sinn, es ist seltsam, dass am Ende des Geldes noch so viel Monat übrig ist!

In den sechziger Jahren gab es die APO, dann folgte die RAF.
Danach ging man auf die Türken los. Anschließend auf die Asylanten. Die Juden, das ging nicht mehr in Deutschland.
Sozusagen Terrorismus in kleinem Rahmen. Als dann die Mauer fiel, ging es gegen die Ostdeutschen. Seitdem in Europa die Grenzen offen sind,, geht es jeder gegen jeden. Alle zusammen miteinander, gegeneinander!

Was ist ein Veganer? Aus dem Indianischen abgeleitet, sei es nun wahr oder nicht, derjenige der unfähig ist zu jagen.

Wir dezimieren uns gegenseitig, warum auch immer? Unsere Soldaten ziehen in einen multi - kulti die Krieg. Gestern Jugoslawien, heute Afghanistan, morgen Afrika usw.. Natürlich kämpfen sie nur für den Frieden in dieser Welt.

Wo kommen die neuen Krisen plötzlich alle so schnell her? Ach ja, ich vergaß, es solle eine neue Weltordnung geben. Man muss die Leute in der Welt dazu bringen, zu zuhören, wie diese neue Weltordnung aussehen soll?

Youtube Video: Emotionen kontrollieren, Hubertus Ihn

Zeitalter des Emotionalismus

Prolog

Gesellschaftliche Analyse

Der Gegensatz von emotional bewusst und unbewusst geleiteter Rationalität

Zustandsbeschreibung der seelisch kranken Gesellschaft in den entwickelten Ländern

Makro- und Mikrowelt

Möglichkeiten zur Entwicklung einer humanen Gesellschaft

Prolog

Unbewusste oder unterbewusste, emotionale die Werte steuernde Handlungen werden die Menschheit in seelisches Leid und vorzeitigen Tod schicken.

Die Reflexion und Bewusstwerdung der Emotionen, die unseren Werten und Handlungen zu Grunde liegen, führen uns in eine humane Gesellschaft.

Die Bewusstwerdung der Emotionen, das hoffe ich, ist deutlich geworden, bedeutet Zeit, viel Zeit. Für das Individuum als auch das Kollektiv, ist diese Zeit zu schaffen. Trauerprozesse, echte emotionale Freude, die Reflexion der Angst, das Schaffen von Mut, die Wahrnehmung von Hass und emotionaler Liebe führt zur Lust und dem Wohlsein. Das Leid und der Schmerz werden zwar von Jesus, Mohammed, Buddha, Jave und indischen Göttern gelindert aber nicht behoben.

Leid und Schmerz werden so lange, wie wir die Mittler zwischen uns und der höheren Welt nicht in unser Bewusstsein lassen, unsere ständigen Begleiter sein.

Ich hoffe es gelingt Ihnen und wünsche Ihnen viel Glück, was aus dem griechischen (Eudämonie) übersetzt: „Einen guten Zugang, zu den Mittlern zwischen den Menschen und Gott zu haben," bedeutet.

Gesellschaftliche Analyse

Nach der Postmoderne, dem Rationalismus und dem Surrealismus wird die Epoche der Emotionen anbrechen. Vor dem Zeitalter des Emotionalismus wird das 21. Jahrhundert vermutlich zu einem von Kriegen und Katastrophen gezeichneten, dunklen und religiösen Jahrhundert werden.

Wie sagt der Volksmund: Wer nicht hören will, muss fühlen! Die den Geist beherrschende naturwissenschaftliche Umnachtung wird als Licht gesehen! Das Gefühl ist ausgeschaltet, das allmächtige, logische Bewusstsein regiert.

Die Umwelt schützenden Organisationen haben ein falsches Ursachenproblem vor Augen. Die Umwelt bzw. der Lebensraumes wird nicht nur bedroht, von einer kleinen Anzahl Schuldiger sondern von der Überpopulation der Menschen.

Nicht die Vertreter, Führer und Entscheider der Umwelt vernichtenden Interessen sind das Hauptproblem, sondern die dahinter stehende Masse an Mensch.

Das Hauptproblem ist nicht die Umwelt zu schützen! Das ist die Behandlung der Symptome. Ähnlich wie bei der Behandlung psychischer Störungen, die durch Medikamente ausschließlich symptomatisch behandelt werden und die Funktionalität und Sozialverträglichkeit des Menschen wiederherstellen aber keine Behebung der Ursachen bzw. Heilung bewirken.

In beiden Fällen, der Lebensraumzerstörung und der Herstellung der psychischer Stabilität werden nur kosmetische Maßnahmen durchgeführt. Die Ursachen werden tabuisiert, weil sie nicht in das moralische und ethische Wertesystem der Menschen passen. Interessen tun ein übriges.

Nachdem die Gattung Mensch die körperlichen, materiellen insbesondere äußeren Zusammenhänge mit dem logischen Bewusstsein und seiner Fantasie erfasst hat, ist es für seine weitere Existenz von überragender Bedeutung, die das Leben und die Gattung Mensch bewegenden und bestimmenden inneren Zusammenhänge zu begreifen.

Die Kämpfe mit der Natur, den Tieren und anderen Menschen bestimmten sein Denken und Handeln und bestimmen es immer noch.

Flucht und Kampf regieren des Menschen Leben. Seine Hoffnung liegen im Weltraum, in der Naturwissenschaft,Technik und Ökonomie.

In der Vergangenheit und Gegenwart bevölkern zu viele Menschen den lebenswerten Lebensraum.

Die Folgen sind Konflikte, Kriege, Wanderungsbewegungen, Ressourcenknappheit und Seuchen.

Wie jedes Lebewesen vermehrt sich die Gattung Mensch solange bis der Lebensraum erschöpft ist, versucht neue Lebensräume zu erobern, bis weite Teile der Gattung, den Umweltbedingungen zum Opfer fallen. Trotz des Bewusstseins des Menschen gleicht sein Verhalten als Gattung dem von Bakterien, Viren, Lemmingen usw. Solange expandieren bis die Art auf eine Anzahl vermindert wird, die die Natur verträgt.

Interessant finde ich, dass die obigen Ausführungen dem logischen Bewusstsein zugängig sind. Dem Gefühl sind sie unmittelbar zugängig. Nur dann wenn man es zulässt und das logische Bewusstsein den Gefühlen zuwendet.

Aber was geschieht und wird geschehen, dass Gegacker der Interessen und falschen Vorstellung sowie die Detailbetrachtung zerreden das Offensichtliche. Die Menschen halten so lange an ihrer kleinen Welt fest, bis sie von der großen Welt zerstört wird.

Es stellt sich die Frage, wie kann der bewusst gewordene Mensch, die Krönung der Schöpfung, diesem Prinzip der inhumanen Regulation der Gattungen entgehen?

Einfach ausgedrückt: Wie kann die Gattung Mensch verhindern, dass viele Menschen vor Ablauf ihres biologischen Alters zu Tode kommen?

Was meiner Meinung nach noch bedeutungsvoller ist: Wie kann es verhindert werden, dass viele Menschen dieser Gattung in unwürdigen, inhumanen und leidvollen Verhältnissen ihr Leben verbringen?

Mit Bildung , Naturwissenschaft, Technik, Ökonomie und Hilfsorganisationen wird an den Symptomen laboriert! Die Lage wird dennoch immer schlimmer! Nur wenige Menschen profitieren von der Lage, häufig vermeintlich. Für den Großteil der Menschen wird das Leben immer unerträglicher werden.

Mit einem gewissen Zynismus ist die Aussage zu treffen: Operative Hektik ersetzt geistige Windstille! Fahren Sie mich irgendwohin, ich werde überall gebraucht.

Mit dem logischen Bewusstsein bezüglich diese Welt, ist dem Problem nicht beizukommen!

Das Einschalten des Fühlens und der Gefühle ist vonnöten. Leider ist das Gefühl aufgrund geringer Nutzung und Erkenntnis nicht sehr zuverlässig und schwierig zur Problemlösung einzusetzen.

Der Zustand der Menschen ist wie folgt zu beschreiben: Das nach außen gerichtete, unbewusste, logische Bewusstsein eignet sich nicht, um das Problem zu erkennen!

Der Einsatz der Gefühle durch Intuition und Instinkt ist durch mangelnde Übung und mangelnde Erkenntnis nicht einsetzbar und täuscht sogar das logische Bewusstsein.

Vorgegaukelte Ethik, Moral und die Interessen Weniger, sowie falsche Modelle über diese Welt und die dahinter liegenden Werte, versperren den Weg zur Einsicht. Es kann keine Lichtung in den Wald der Erkenntnis geschlagen werden (Heidegger). Ich fühle mich wie auf einer Straßenkreuzung auf der etwas passiert, ich weiß nur nicht warum (Levi Strauß).

Das, was hinter der Erkenntnis liegt, liegt im Dunkeln (Sloterdijke).

Der Gegensatz von emotional bewusst und unbewusst geleiteter Rationalität

Die im Dunkeln liegenden Emotionen können durch ihre Erkenntnis, Licht in das Dunkel des Bewusstseins bringen.

Der erste Beweger (Adalbert im 13. Jahrhundert) und seine zwölf Apostel, die reinen Gefühle und gemischten Gefühle bewegen das Bewusstsein und Handeln des Menschen sowie die Gesamtheit des Lebens.

Die sechs positiven Gefühle: Liebe, Freude, Mut, Gelassenheit, Wohlsein und Lust.

Sowie die sechs negativen Gefühle: Hass, Trauer, Angst, Wut, Schmerz und Leid.

Im weiteren die gemischten Gefühle: Zwang, Panik, Hektik, Hoffnung, Depression, Melancholie usw..

Angst und die daraus resultierende Flucht sowie Aggressionen bilden sich im Bewusstsein und den Handlungen der Menschen instinktiv ab.

Flucht in neue Lebensräume, den Weltraum und die Betäubung beherrschen das Bewusstsein, die Handlungen und die Medien.

Davon werden die Menschen und das Leben unbewusst gesteuert und wenn es zur Katastrophe kommt oder sie naht, wird nach diesem Gott gerufen und seine Abgesandten. Die Gefühle beherrschen die Menschen. Der so genannte Teufelskreis! Irgendwie ist das widersinnig, finde ich! Aber es trifft den Kern!

Welche Möglichkeiten bestehen diesen Kern zu erfassen? Wie können die Gefühle bewusst werden? Wie können die Gefühle und die Abgesandten der höheren Welt die Menschen bewusster leiten?

Die Erkenntnis des Heiligen Grals kann dabei von Nutzen sein. Ich möchte jetzt hier nicht die Mystik einführen sondern die Erkenntnis, die in Wolfram von Eschenbachs, Parzival erwähnt wird. Parzival wird nach einer behüteten Kindheit in das Leben geworfen. Unbeholfen bewegte er sich in dieser Welt. Es wird ihm die Chance eröffnet, das Geheimnis des Lebens zu erkennen. Jedoch er stellt die falschen Fragen. Das Geheimnis wird ihm nicht zuteil. Ca. 300 Seiten lang durchstreift er die Welt im Kampf. Dann trifft er einen alten Mann, der ihm die richtigen Fragen verrät. Er trifft Antefortas, der nicht in der Lage ist zu sterben. Der König kann nur sterben, wenn man ihm die richtigen Fragen hinsichtlich des Geheimnisses des Lebens stellt.

Parzival stellt die richtigen Fragen. Die Antwort lautet, das Geheimnis des Heiligen Grals bzw. des richtigen Lebens, besteht nicht im Kampf, sondern in der Ruhe der Seele und der Freude des Körpers. Es sei hinzugefügt, das Ziel ist ein durch die Seele und deren Gefühle bewusst geprägter Geist und seine Gedanken.

Die wichtigste Voraussetzung, damit der Geist, die Emotion erkennen kann, ist die Ruhe der Seele und der Emotionen. Die Menschen konnten noch nie die Emotionen gut erkennen. Der heutige Mensch umso weniger. Der durch das Leben getriebener Mensch, wird von den Emotionen des ersten Bewegers bzw. Gott beherrscht. Der Mensch wird somit auch nur eine sehr kurzzeitige bzw. temporäre Freude des Körpers erleben. Trauer, Angst und Hoffnung, Zwang , kurzzeitig die Liebe und dann doch wieder der Hass schütteln die Menschen durch das Leben.

An dem Strohhalm, es wird besser werden, unseren Kindern wird es besser gehen, halten sich viele fest.

Es wird Zeit aufzustehen und zu erkennen. Der Mensch muss sich in die Ruhe begeben, nicht in die Totenruhe, sondern in die seelische Ruhe und den falschen, das logische Bewusstsein täuschende Gedanken und Einflüssen entkommen.

Die Gedanken und Gefühle breiten sich in Form von einem oder mehrerer Felder zwischen den

Menschen als auch anderer Lebewesen aus.

Es kann eine Analogie zum Licht gezogen werden. Das Licht kommt in Form einer Welle vor, besteht aber aus Teilchen. Das erstaunliche ist, der Mensch kann entweder die Welle beobachten oder die Teilchen in Form von Korpuskeln (Photonen). Beides gleichzeitig zu beobachten gelingt nicht.

Das Verhalten von größeren Ansammlungen von Menschen hat den Charakter einer Welle. Das ist gut zu beobachten bei Rednern, wie Hitler, Goebels u.a.. Das gleiche gilt für die Zuschauer einer Sport- oder Musikveranstaltungen.

Die sich verbreitenden Gefühlswelle in Form von Begeisterung, Freude, Angst oder Trauer und das gleichzeitige Beobachten Einzelner ist nur schwer möglich, wenn nicht unmöglich. Die Beobachtungen können nur nacheinander also sequenziell erfolgen.

Die Zeit als limitierender Faktor des logischen Bewusstseins, der durch die Gefühle geprägten Intuition und des Instinktiven.

Das instinktive Verhalten, Reiz - Reaktions gesteuert (Skinner) ist in der Regel, bei starken, unmittelbaren Bedrohungen die schnellste, effektivste und effizienteste Verhaltensweise. Der Ablauf ist wie folgt: Angriff – Angst – Flucht oder Gegenangriff bzw. Aggression.

In diesem Fall ist das logische Bewusstsein aufgrund seiner Abwägung und das intuitive Verhalten aufgrund seiner langen Reaktionszeit, der instinktiven Entscheidung hoffnungslos unterlegen. Fehlentscheidung des intuitiven Verhaltens sind in der Regel begründet aufgrund des Einschaltens des logischen Bewusstseins oder der Intuition.

Das logische Bewusstsein ist bezüglich bekannter Entscheidungen, die schnellste, effizienteste und effektivste Möglichkeit. Schneller und fehlerfreier als die Intuition oder der Instinkt. Sobald vielfältige Alternativen bestehen oder Unsicherheit und Risiko bezüglich der Entscheidung vorliegen, kommt das logische Bewusstsein zu keinem Ergebnis. In diesem Moment wird die gefühlsmäßig gesteuerte Intuition eingesetzt. Das gefühlsmäßige Abwägen braucht häufig lange.

Jeder von Ihnen hat sicher festgestellt, dass wichtige Entscheidungen zu überschlafen sind. Häufig brauchen diese Entscheidung länger als eine Nacht! Es wird mehr Informationen eingeholt und das Gefühl bewertet diese immer wieder. Schließlich kommt der aus dem Dunkeln vom Gefühl ausgelöste Geistesblitz! Menschen, die einen guten Zugang zu der Intuition haben, treffen häufig entgegen der Abwägung der logischen Überlegungen, eine bessere Entscheidung als das logische Bewusstsein.

Menschen, die wenig Zeit haben treffen daher mit dem logischen Bewusstsein häufig falsche Entscheidung. Die Werte und Modelle, die sie im Kopf haben waren einmal richtig, treffen aber auf die veränderten Umweltbedingungen nicht mehr zu (Luhmann). Die logischen auf naturwissenschaftlichen und ökonomischen, messbaren Modelle, die im Bewusstsein erfolgreich verankert sind, versagen.

Es beginnt der Siegeszug des gefühlsmäßigen, nicht messbaren Intuitiven! Was leitet die Menschen?

Das scheinbar, messbare Rationale, die Gier, die scheinbare Überlegenheit, der Kampf, die Liebe, die Freude, die Trauer, der Hass, die Angst, der Schmerz, das Leid, die Lust, der so genannte Kampf um das Überleben, die Schuld, die Hoffnung usw..

Parzival : Die Freude des Körpers, die Ruhe der Seele und das möchte ich hinzufügen, die gefühlsmäßig gesteuerte Klarheit des Geistes! Mir schlug das Schreibprogramm als ich „Geistes" diktierte, „Geistesblitz" vor. Ein schlaues Programm!

Im Moment habe ich das Gefühl: „ Des Rufers in der Wüste!"

Die beschleunigte Gesellschaft, gekennzeichnet durch den bei Wind und Wetter im Anzug die Gangway hoch laufenden und mit vorgestrecktem Kinn redenden Obama, hat das Wort, „ langsam", tabuisiert. Man entschleunigt jetzt. Fahren Sie mich irgendwohin, ich werde überall gebraucht.

Um viele Menschen vor dem vorzeitigen Tod und dem Leiden zu bewahren, ist die entschleunigte, langsame Emotionalität gefragt! Sie muss die Lichtung in den Wald des Bewusstsein schlagen (Heidegger).

Es wird wohl lange dauern! Christus hat die emotionale Liebe, die Nächstenliebe verkündet. 2000 Jahre sind vergangen. Etwas davon ist in unserer heutigen Gesellschaft hängen geblieben! Ab und zu ein Sozialstaat, häufig Interessen gesteuerte Hilfsorganisationen aber im Grunde genommen, herrscht das Prinzip des Wettbewerbs, jeder gegen jeden und ein Platz an der Sonne. Wir fliegen zum Mond, wir fahren bequem, wir telefonieren und sind in einem sozialen Netzwerk, dennoch herrscht noch der gleiche Ton, wie vormals bei den Affen auf den Bäumen (Frei nach Kästner).

Doch halt! Der Führungskreis I und II, eines großen deutschen Unternehmens, 120 Personen umfassend , wurde mit einem neuen Leitgedanken versehen. Moderat im Ton aber hart in der Sache. Vormals hatten Vorstände brüllend in Sitzungen, man sollte es nicht glauben, es ist aber so gewesen, mit Aschenbechern nach Angestellten geworfen.

Frei nach dem Satz: Nur die Harten kommen in den Garten, die Weichen werden Leichen!

Der Zustand der Welt ist wie folgt gekennzeichnet:

In den Entwicklungsländern, Hunger und Krieg.

In den Schwellenländern, inhumane Arbeitsverhältnisse, Lärm und stark geschädigte Umwelt.

In den entwickelten Ländern, eine durch Überforderung und Monotonie seelisch bzw. gefühlsmäßig kranke Gesellschaft.

Zustandsbeschreibung der seelisch kranken Gesellschaft in den entwickelten Ländern:

60.000 amerikanische Soldaten, mehr als im Vietnamkrieg gefallenen waren, nahm sich das Leben. Die amerikanische Regierung investierte 500 Milliarden in die psychologische Forschung. Die Ergebnisse gingen gegen null. Die Selbstmordrate konnte nicht aufgehalten werden.

Laut Spiegel, Sonderausgabe 2012, Trauer und Tod, nehmen sich in Deutschland pro Jahr 10.000 Menschen das Leben. Mehr als bei Autounfällen oder sonstigen Unfällen. Der größte Anteil, der Selbstmörder sind Männer über 50. 100.000-150.000 Menschen verüben pro Jahr in Deutschland einen Selbstmordversuch. 500.000 sind Teilnehmer im Internetforum Depression. 20 - 30 Mio erleiden einmal in ihrem Leben eine Depression. Dauerhaft depressiv sind mehrere Millionen.

In England begehen 20 bis 22 % der Jugendlichen einen Selbstmordversuch.

Außerdem ist festzustellen. es wird immer weniger gelacht. Früher siebenmal am Tag. heute durchschnittlich zweimal am Tag, wenn überhaupt. Die Gesichtszüge der Menschen sind als ernst, melancholisch, niedergeschlagen, angestrengt, ausgelaugt oder fahl zu bezeichnen.

Negative Medien, voll von Katastrophen, Verbrechen, Krieg und Leidensgeschichten füllen über die Einschaltquoten die Köpfe der Menschen. Comedie- und Musiksendungen machen den Müll erträglich.

Negative Gedanken und Gespräche sowie Problemdiskussion füllen die nicht mediale Zeit der Menschen aus.

Die Freude, das Wohlsein, das persönliche Miteinander, die Lust haben sich aus dem Leben verabschiedet. Verblieben sind höchstens die sexuelle Lust oder die Schadenfreude.

Die Trauer siehe Charlie oder der Absturz der German Wings Maschine und Ähnliches werden von den Medien als neues Einschaltquoten Instrument benutzt.

Kriege und Katastrophen sichern die Einschaltquoten schon seit längerem.

Ein Aussteiger sagte mir kürzlich: „Soll ich von 6-66,60 Jahre lang arbeiten, um vielleicht 20 Jahre lang, Rente zu beziehen?

Ist es erstrebenswert, 40 oder 50 Jahre lang mehr oder weniger die gleiche Tätigkeit auszuüben? Am Schreibtisch kleine Zahlen in kleine Kästchen zu schreiben, zu programmieren, immer den gleichen Krempel als Lehrer oder Professor zu erzählen, oder an der Kasse zu sitzen, Regale einräumen und Dreckweg weg machen? Mit öffentlichen Verkehrsmitteln, mit überteuerten Leasingautos hin und her zu fahren und in meiner überteuerten Immobilie zu sitzen? Und schließlich, in überteuerte Smartphones, Tabletts und Riesenfernseher zu blicken und mich mit Informationsmüll berieseln zu lassen. Ich vergaß, alle möglichen Spiele von Golf bis Xbox zu spielen.

Was soll man sonst tun? In meiner Umgebung gibt es viele Personen, die sagen, das ist alles langweilig. Arbeiten und Geld ansammeln, das ist der Königsweg. Und ab und zu einen 500 g Hasen. Dann gibt es noch die, die mühsam Kinder groß ziehen. Alleine, in Patchwork Familien oder ganz normal, wie früher. Bildungs gequälte Kinder. Mit welcher Perspektive?

Ist die Darstellung zu negativ?

Das Haarproblem, um von unserer heutigen naturwissenschaftlichen und ökonomisch geprägten Welt, zu einer seelisch gesunden und humanen Gesellschaft zu gelangen, liegt tiefer und ist existenziell.

Makro- und Mikrowelt

Es gibt zwei Seiten: Die makro- und die mikroskopische Betrachtung. Die Makro- die Mikrowelt. (Ronald D. Laing).

Die Makrowelt:

Die systemische oder Makrowelt benötigte Institutionen, wie Unternehmen, staatliche Einrichtung usw., die die Versorgung der Bevölkerung gewährleisten. Durch Arbeit und Maschinen wird die Makrowelt betrieben. Kompliziert wird die Makrowelt einerseits durch das Beharrungsvermögen erfolgreicher Subsysteme und andererseits durch die internationale Arbeitsteilung (Globalisierung) sowie Freihandelszonen. Eine ständig wachsende Weltbevölkerung und deren Probleme stabilisieren das System zusätzlich.

Eine schon seit 1980 anhaltende Wachstumsschwäche in den entwickelten Ländern, ist durch eine exorbitante Schuldenaufnahme von Staaten und privaten Gläubigern behoben worden.

Die Mikrowelt:

In den entwickelten Ländern wollen die Menschen mehr Zeit für sich haben. Die Geburtenraten nehmen ab, weil die Menschen mehr Zeit für sich benötigen oder die Zukunft unbewusst für ihren Nachwuchs als nicht so lebenswert einstufen.

Die Systemanforderungen, die subtile Beeinflussung und der unbewusste, kompensatorische Konsum treiben die Menschen durch das Leben.

50 % aller deutschen erben etwas. Die anderen 50 % erben nichts. Sie sind ausschließlich auf ihre Arbeit angewiesen. Der größte Teil der Erben muss ebenso, wie die nicht Erbenden, arbeiten um den Wohlstand zu erhalten oder zu vergrößern.

Der einmal gewählte Beruf kann nur durch einen häufig massiven Wohlstandsverlust gewechselt werden. Das Verlieren der Arbeit wird ebenso mit einem großen Verlust des Wohlstands begleitet.

Teilzeitarbeit bedeutet in der Regel Karriereverlust, häufiger weniger Anerkennung und wird dann akzeptiert, wenn Kinder zu erziehen sind.

Die Makro- und Mikrowelt stabilisieren sich gegenseitig und verhindern aufgrund der Hemmnisse und der berechtigten Werte eine Neuausrichtung zu einer gefühlsmäßig orientierten und humanen Gesellschaft.

Auf der Straße, im Internet und in den Medien tobt der Kampf zwischen dem berechtigt Mitleids orientierten, häufig wohlhabenden, systemstabilisierenden Kräften und den unterprivilegierten und unzufriedenen Gruppen der Gesellschaft.

Systemstabilisierende Kerngesellschaft und Wutbürger bzw. Pegidaanhänger sowie anderer extremer Gruppen bekämpfen sich stark unbewusst emotionalisierte. Die Emotionen kochen hoch. Beide Seiten verfechten größtenteils verschrobene Wertvorstellungen.

Die einen wollen Arbeitskräfte, Schrottwohnungen vermieten und Konsumenten oder aus Mitleid helfen Die anderen sehen sich in ihrer kleinen, verschrobenen Wertewelt und ihrem hart erarbeitetden kleinen Wohlstand und Einkommen gefährdet.

Wut, Aggressionen, Angst, Hass und Unzufriedenheit verbreiten sich. Die partizipierenden Eliten, der Politiker, der Erben, der Medienschaffenden und Einkommensstarken versuchen die Menschen zu beruhigen und abzulenken.

Wie lange wird das gut gehen? Manchmal dauert es länger aber in Krisen geht es häufig sehr schnell.

In der Geschichte ist das deutlich zu sehen.

Welche Möglichkeiten gibt es, einen humanen Übergang in eine neue Gesellschaft zu schaffen?

Es scheint unmöglich zu sein und wahrscheinlich ist es das auch.

Ein Versuch ist es wert!

Möglichkeiten zur Entwicklung einer humanen Gesellschaft

Folgende Möglichkeiten sind zu überlegen:

Werte und Überzeugungs Veränderungen der Eliten aus Politik, Wirtschaft, Medien und Religion sowie NGOs oder Teile der Bevölkerung, sind aufgrund des systemischen Beharrungsvermögen des Makro- und Mikro Geschehens, wenig wahrscheinlich.

Ökonomische Krisen führen, wie man in Griechenland, Spanien und Portugal sieht, aufgrund der Bedingung des gesamtwirtschaftlichen, weltweiten Systems, tendenziell zur Radikalisierung in rechts oder links und zu Spannungen und Konflikten zwischen unterschiedlichen Religionssystemen. Der ökonomische Druck verschärft die Situationen.

Die unbewussten Emotionen steuern das Geschehen und werden durch die Medien verstärkt.

Die Krise des gesamten kapitalistischen Systems der Welt, ähnlich der Krise der sowjetischen, kommunistischen, bietet meiner Meinung nach, die einzige Chance, ein neues Denken einzuführen.

Eine elektronisch gesteuerte, automatisierte Erstellung von Gütern und Dienstleistungen ohne wesentliche menschliche Arbeit bietet eine weitere Möglichkeit. Die daraus folgenden innerstaatlichen und internationalen Verwerfung bilden allerdings ein hohes Risiko.

Think Tanks und nationale und internationale Organisationen sollten Szenarien entwerfen, um mit den Krisen umzugehen.

Wird das nicht geschehen, so wird sich die entwickelte Welt, ähnlich, wie in Afrika und der arabischen Welt, vor religiösen und sozial, ökonomisch motivierten Auseinandersetzungen sehen.

Die unbewusste, emotionale Gewalt wird regieren.

Die Anfänge sind bereits zu sehen. Werte, wie Meinungsfreiheit und Demokratie und autokratische, diktatorische Überzeugungen, die häufig systemischer erzeugt sind, siehe arabische Welt, Ukraine, westliche Welt und Russland oder China prallen aufeinander und der Krieg wird vorbereitet. Alle Seiten beteuern ihre friedlichen Absichten aber im Hintergrund bereiten die Falken, auf eine günstige Gelegenheit wartend, die Konflikte vor.

Die Mehrzahl der Russen ist mit ihrem jetzigen System einverstanden. Die Minderheit der Russen, der ehemaligen jetzt demokratisierten Sowjetstaaten sehen sich ökonomisch und sozial benachteiligt. Die Grenzziehungen der ehemaligen Sowjetstaaten entsprechen nicht, ähnlich wie in der arabischen und afrikanischen Welt, den Ehtniken.

Es sei erinnert, an den durch die Sklavenfrage motivierten Krieg der Nord und Süd Staaten, Nordamerikas. Demokratie und Meinungsfreiheit gegen ethnisch, autokratische orientierte Russen oder autokratische orientierte Chinesen. Meinungsfreiheit und Demokratie gegen den fundamentalen, religiösen Gottesstaat.

Meinungsfreiheit und Demokratie, dass ist keine Frage! Handel und Wandel und eine starke Armee, das ist auch keine Frage. Einmischung in deren Verhältnisse, das ist ein großer Fehler!

Das nach diktatorische, demokratische Myanmar produziert ethnisch und religiös motivierte Flüchtlingswellen.

Zusammenfassung

Unbewusste oder unterbewusste, emotionale die Werte steuernde Handlungen werden die Menschheit in seelisches Leid und vorzeitigen Tod schicken.

Die Reflexion und Bewusstwerdung der Emotionen, die unseren Werten und Handlungen zu Grunde liegen, führen uns in eine humane Gesellschaft.

Die Bewusstwerdung der Emotionen, das hoffe ich, ist deutlich geworden, bedeutet Zeit, viel Zeit. Für das Individuum als auch das Kollektiv, ist diese Zeit zu schaffen. Trauerprozesse, echte emotionale Freude, die Reflexion der Angst, das Schaffen von Mut, die Wahrnehmung von Hass und emotionaler Liebe führt zur Lust und dem Wohlsein. Das Leid und der Schmerz werden zwar von Jesus, Mohammed, Buddha, Jave und indischen Göttern gelindert aber nicht behoben.

Leid und Schmerz werden so lange, wie wir die Mittler zwischen uns und der höheren Welt nicht in unser Bewusstsein lassen, unsere ständigen Begleiter sein.

Ich hoffe es gelingt Ihnen und wünsche Ihnen viel Glück, was aus dem griechischen (Eudämonie) übersetzt: „Einen guten Zugang, zu den Mittlern zwischen den Menschen und Gott zu haben," bedeutet.

Youtube Video: Emotionen kontrollieren, Hubertus Ihn

Theorie der Emotionen

Vorwort

Was mich zu den Ausführungen bewegte ist, dass weder in der Philosophie noch in der Psychologie und ihren psychotherapeutischen Verfahren eine Systematisierung und Klassifizierung von

Gefühlen so gut wie nicht vorhanden ist. Auffällig ist auch, dass die Psychologie als Erkenntnisgegenstand die Gefühle definiert aber die Gefühlszustände und – abläufe nicht zum Gegenstand ihrer theoretischen Erkenntnis erklärt. Weder die Sprache der professionellen Psychologen noch die alltägliche Sprache benutzt häufig Gefühls bezogene Wörter. Die Menschen werden häufig als forsch, depressiv, manisch, zurückhaltend, sympathisch, unsympathisch usw. bezeichnet. Wörter wie liebevoll, traurig, schmerzlich, hasserfüllt, mutig, ängstlich werden dagegen seltener benutzt. Die gefühlsmäßigen Zustände werden eher tabuisiert und durch sachliche Ausführungen überspielt oder nicht zugelassen. Filme oder Musik werden benutzt, um sich die dargestellten Gefühle anzusehen, anzuhören oder sich auch von ihnen in andere Gefühlszustände zu bringen. Die zwischenmenschlichen Äußerungen hinsichtlich der Gefühle werden eher als Bedrohung oder als ein zu nahe treten aufgefasst. Sich beruhigen oder Gelassenheit zu erreichen, das scheint ein Gebot der Stunde zu sein. Viele Menschen gehen Entspannungstechniken wie Yoga, Meditation usw. nach, andere finden ihre Ruhe in den Religionen, wieder andere treiben Sport um ihr seelisches und geistiges Gleichgewicht wiederzufinden.

Die Psycho-Neuro-Immunologie hat mit empirischen Untersuchung festgestellt, dass geistige und emotionale Haltungen Transmitter in Form von Cortokoiden und Adrenalin freisetzen, die die Krebszellen, Allergien und Autoimmunkrankheiten beeinflussen. Die Vertreter der Psycho-Neuro-Immunologie haben empirisch festgestellt, dass der regelmäßige Kirchgang bzw. die regelmäßige Ausübung religiöser Praktiken, wie beten in allen Religionen zu einer Verlängerung des Lebens bis zu 23 % führen können.

Ausgangslage

Es gibt über 1000 Therapieverfahren und fünf große psychologische Strömungen, die Psychoanalyse, Verhaltenspsychologie, Humanistische Therapieverfahren, Transpersonale Psychologie und Biopsychologie. Die Biopsychologie verwendeten Medikamente, wie Neuroleptika, Antidepressiva (Stimmungsaufheller) und Tranquelizer (Beruhigungsmittel), die durch die körperliche Einwirkung die Botenstoffe verändern und auf die Gefühlslage einwirken. Die anderen vier Verfahren versuchen die emotionalen Zustände und Abläufe durch das Bewusstsein zu verändern. Zur Zeit werden über 90 % aller psychischen Erkrankungen mittels der Biopsychologie also durch Medikamentenverabreichung behandelt. Die Behandlung durch Medikamente ist aufgrund der Kostengünstigkeit und der Schnelligkeit das Mittel der Wahl. Mittels der Medikamente werden die funktionalen und sozialen erforderlichen Verhaltensweisen wiederhergestellt. Nachhaltig ist das Verfahren nicht! Die Ursachen der psychische Störung werden nicht beseitigt. Es erfolgt keine Heilung. Lediglich die Symptome, die zu einer sozial auffälligen oder geminderten Arbeitsfähigkeit führen, stellen sich nicht mehr ein. Der Mensch kann seiner Arbeit nachgehen und ist mehr oder weniger sozial unauffällig.

Die Bewusstseins orientierten psychotherapeutischen Verfahren sind kostenintensiv, häufig langwierig und lösen das Problem in vielen Fällen nicht.

Die im Vorwort angesprochene mangelnde gefühlsorientierte Sprache der professionellen Psychologen, Psychiater usw. möchte ich hinsichtlich ihrer psychodiagnostischen Aussagen verdeutlichen. Es wird nicht definiert mit den Worten der Patient ist traurig, geplagt von Schmerzen, wütend, hasserfüllt, emotional verletzt usw. Somit kann auch nicht nach den Ursachen der gefühlsmäßigen Zustände geforscht werden.

Die psychodiagnostischen Bezeichnungen lauten: Schizoid, schizophren, depressiv, manisch, ADS, ADHS oder eine, die ich kürzlich hörte, schizoaffektive Hypomanie. Schizoaffektive bedeutet, dass der Mensch wütend oder aggressiv ist und zwar aus einem inneren Zustand heraus. Seine wütende oder aggressive Art wird nicht als angemessen bezüglich der Umweltsituation angesehen. Es ist nicht erkennbar für den Außenstehenden warum der Mensch in dieser Situation wütend oder aggressiv ist. Wut und Aggression sind sozial verpönt und nur in Ausnahmefällen akzeptiert. Betrachten wir die Hypomanie so bedeutet Hypo ins Deutsche übersetzt unter, Manie oder manisch bedeutet, zu schnell, euphorisch, sehr unruhig, zu fröhlich. Auf meine Nachfrage bei dem Psychiater, wie er auf diese Diagnose kommt, erhielt ich die Antwort: Der diagnostizierte Mensch sei sehr sprunghaft in seinen Gedanken, bleibt nicht beim Thema und gibt Antworten die nicht zu den Fragen passen. Der Außenstehende hat den Eindruck, dass die Ausführungen des Menschen unzusammenhängend sind. Die Unruhe und Schnelligkeit bezieht sich nur auf die gedanklichen Prozesse. Äußerlich bzw. gefühlsmäßig ist der Mensch ruhig, nicht euphorisch und nicht zu fröhlich. Das Gegenteil ist der Fall. Der Mensch ist er traurig, ängstlich, die Freude ist ihm verboten. Die Folge davon ist Wut, Aggression und Zorn. Sozial nicht erlaubte Freude, sowie Trauer, Angst und Wut, dieses Gemisch erzeugt die sprunghaften Gedanken. Die Gedanken und ihre Aussagen werden durch dieses Gefühlsgemisch gesteuert und führen ein Eigenleben, das den Menschen daran hindert, die Gedanken zu ordnen und bei einem Thema zu bleiben.

Der therapeutische Prozess kann nur gelingen, wenn in der Diagnose als auch in der Therapie mit Gefühlsbegriffen gearbeitet wird, die dem Klienten und dem Therapeuten bewusst werden, sowie Beziehungen der Gefühle untereinander analysiert und verdeutlicht werden. Für die medikamentöse Behandlung nutzen die Begriffe, schizoaffektiv und Hypomanie. Für den Bewusstwerdungs- und Heilungsprozess haben Sie nur geringe Bedeutung.

Bisher beschäftigten wir uns mit den psychischen Krankheiten, deren Diagnosen und Therapieverfahren.

Wie wird psychische Gesundheit in der Psychologie definiert? Die Analyse der Definition der psychischen Gesundheit verdeutlicht warum einer Sprache der Gefühle die Psychodiagnostik und die Psychotherapie zu einer Verbesserung ihrer therapeutischen Ergebnisse führen kann.

Eine häufig verwendete Definition der psychischen Gesundheit ist, die Kongruenz eines seelisch gesunden Menschen. Kongruenz bedeutet:

Verstehen der Umwelt und sich selbst

Handeln (In Beziehung setzen)

Bedeutung des individuellen Handelns

Anmerkung: Von Gefühlen und Emotionen ist hier nicht die Rede.

Verstehen der Umwelt und sich selbst

Der psychisch gesunde Mensch ist kongruent, wenn er in der Lage ist seine individuelle und soziale Umwelt zu verstehen und sich in Bezug auf diese Umwelt selbst versteht. Versteht ihr diese Umwelt nicht, weil er zum Beispiel, die Sprache nicht versteht oder die geforderten Handlung bzw. Anforderungen, so ist das laut dieses Definitionskriteriums, der erste Schritt zur psychischen Krankheit. Die meisten sozialen Prozesse geschehen durch einen unbewusst ablaufenden Gefühlsprozess.

Auf der Bewusstseinsebene werden sachliche Themen erörtert. Bevor dies geschieht, wird unbewusst eine gemeinsame Gefühlsbasis hergestellt. Dies geschieht in einer sehr komplexen Weise. Äußerliche Merkmale, wie die Kleidung, das Auto, die Wohn- oder Geschäftslage,die Raumausstattung, die Atmosphäre, die von den Räumen ausgeht, die Vorerfahrungen, die Mimik, die Tonlage, die Gestik, die Körperhaltung, die Gesprächsführung und nicht zuletzt, die

ausgestrahlten Gefühle bestimmen gemäß den Erwartungen und Werten, die unbewusst gefühlte Einstellung zu dem anderen. Das bewusste Verstehen hinsichtlich dieser vielfältigen Einflüsse erfordert eine hohe geistige Leistung und Erfahrung. Die meisten Menschen bleiben viele dieser Einflüsse verborgen. Es bilden sich Subsysteme mit gemeinsamen Werten und Symbolen, die sich massiv von anderen Subsystem abgrenzen. In unseren Gesellschaften sind klassische Subsysteme Arbeitgeber und Arbeitnehmer, aber auch Künstler und Intellektuelle, gewerbliche Arbeiter und Angestellte sowie die Medienbeschäftigten, Akademiker und Nichtakademiker. Grüne, Sozialisten und Konservative sowie Liberale.

Die jeweiligen Gruppen sind geprägt von gemeinsamen Werten, Überzeugungen, Einstellungen und besonders durch gemeinsame Gefühle. Konservative sind geprägt von Bewahrung, Angst vor Veränderung und dem fortsetzen des bisher erfolgreichen Weges. Die Sozialisten und Konservativen bilden hier eine Gemeinschaft, wobei die Sozialisten, aus der Not heraus oder der gefüllten Not heraus, die materielle Verbesserung als besonders wichtig anzusehen. Die Grünen wollen eine Veränderung, die sich auf die Umwelt aber nicht auf eine psychologische Verbesserung richtet. Die Liberalen streben die Freiheit an, die sich auf ökonomische, individuelle und soziale Freiheit bezieht, nicht jedoch auf die psychische Freiheit.

Die psychische Freiheit streben die Existenzialisten an. Diese Spezies gab es in den sechziger und siebziger Jahren des 20. Jahrhunderts als kleine Gruppe, die damals einen größeren medialen Einfluss hatte. Die Existenzialisten, nach psychischer Freiheit strebend, kommen heute als gesellschaftliche Kraft aufgrund des systemischen Drucks nicht mehr vor. Die Globalisierung und der Kampf um die besten Plätze lässt eine Entwicklung der Psyche nicht mehr zu. Zur Entwicklung der Psyche und der Bewusstwerdung von Gefühlen und ihren Wirkungen benötigen wir Zeit, viel Zeit! Diese Zeit ist aufgrund des Drucks der Globalisierung und der Ökonomisierung dieser Welt nicht mehr vorhanden. Somit haben wir Abschied genommen von der Entwicklung unserer Psyche und der psychischen Freiheit. Nur wenn die Funktion und die Arbeitsfähigkeit eingeschränkt sind, müssen wir uns Zeit nehmen, wenn wir Medikamente nehmen weniger, um unsere Psyche gerecht zu werden. Unsere Psyche verstehen wir immer weniger!

Handeln (In Beziehung setzen)

Versteht der Mensch die Umwelt nicht, so ist es ihm nicht möglich eine sozial akzeptierte Handlung oder Beziehung durchzuführen. Verstehe ich die Gefühle meines Gegenübers nicht oder meine eigenen Gefühle, so kann ich nur begrenzt oder gar keine Handlungen durchführen bzw. mich nicht in Beziehung setzen zu meiner Umwelt. Traurige Gefühle (Depression), wütende Gefühle (Aggression) oder starke Unruhe (ADS) behindern mich um sozial akzeptierte Handlungen durchzuführen. Gemeinsame unbewusste Gefühlsbasen der Subsysteme lassen die Menschen in dem jeweiligen Regelwerk handlungsfähig bleiben. Das gilt so lange, bis das Regelwerk des Subsystems nicht entscheidend verletzt wird.

Bedeutung des individuellen Handelns

Verstehen der Umwelt und sich selbst und sich mit dieser Umwelt in Beziehungen setzen bzw. Handlungen vollziehen zu können kennzeichnet die Notwendigkeit um psychisch gesund zu sein, ist aber nicht hinreichend. Notwendig und hinreichend diese Begriffe kennen wir aus der Mathematik. Bedeutung finden wir in den Subsystemen und ihren Regelwerken. Anerkennung, nicht obdachlos werden, eine gute Position, eine Familie zu ernähren, uns fortzupflanzen, an einen Gott zu glauben, in einer Religionsgemeinschaft aufgehoben zu sein, Arbeit zu haben, eine Familie zu haben, das gibt uns alles Bedeutung hinsichtlich unserer Handlungen. Die Logotherapie aber auch die Existenzialtherapie bieten hier Hilfestellungen.

Wer also seine Umwelt nicht versteht oder keine Handlung in der Umwelt vornehmen kann die zusätzlich für ihn von Bedeutung sind, ist psychisch nicht gesund. Wer sich selbst und seine Umwelt versteht, in seiner Umwelt handeln kann und diesem Handeln Bedeutung zumisst, ist psychisch gesund.

Die Definition der Kongruenz bezüglich des Verstehens, Handelns und seiner Bedeutung ist sicherlich eine kluge Definition. Der Hintergrund dieser Definition ist ein in einem sozialen Regelwerk funktionierender, arbeitender und hinsichtlich des Regelwerks des Subsystems angepasster Mensch. Aussagen über die Gefühle oder die Emotionen sind hier gut wie nicht enthalten.

Eine Arbeitsdefinition, die die Sprache der Gefühle nutzt wäre:

Ein psychisch gesunder Mensch kann alle reinen Gefühle bei sich selbst und anderen erkennen und ausdrücken.

Positive   -   negative

Liebe   -   Hass

Freude   -   Trauer

Mut   -   Angst

Wohl sein,
schmerzlos? - Schmerz   ? Gibt es andere Begriffe?

Gelassenheit? - Wut   -   ? Gibt es andere Begriffe?

Lust ?   -   Leid ?

0. Die Entwicklung der Götterwelten zum Geist und zur Seele

Betrachten wir die Götterwelt der Germanen, so sind die obersten Götter Repräsentanten von Naturgewalten zum Beispiel Donar als Gott des Gewitters, des Blitzes und des Donners. Unser heutiges deutsches Wort Donner ist von Donar abgeleitet. In einer gewissen Weise sind die Götter in fast allen Religionssystem hierarchisch angeordnet zu mindestens was den obersten Gott angeht. Bei den Germanen ist es entweder Wotan oder Odin (Gott des Odem, des Atems oder Hauchs) Donar übergeordnet ist.

Der oberste Gott der Griechen ist Zeus, hervorgegangen aus dem Chaos (der Ruhe) und Tantalos (der Unruhe), die seine Eltern Rhea und Kronos schufen. Ein Repräsentant der Naturgewalten ist Poseidon, der Gott des Meeres. Eine der höchsten Göttinnen ist Athene, sie repräsentiert einen moralischen Wert, die Gerechtigkeit mit dem Symbol der Wage. Besonders bevorzugte körperliche Eigenschaften, wie die der Schönheit wurden durch Aphrodite (weibliche Schönheit) und Apoll (männliche Schönheit) symbolisiert. Götter für die menschlichen Triebe sind Eros(Gott der körperlichen Liebe, des Lebens) und Thanatos (Gott des Todes). Diese benutzte der Begründer der Psychologie, Freud bezüglich seiner Triebtheorie. Freud unterschied zwei Triebe, den Lebenstrieb, den er auch als Eros bezeichnete und den Todestrieb, den er als Thanatos bezeichnete.

Der Lebens- bzw. Liebestrieb(Eros) und der Todestrieb (Thanatos) führen zu der Troika der indischen Götterwelt, Vischnu, Shiva und Brahman. Vischnu (Eros) wird als Schöpfer des Lebens aufgefasst, der Gott, der das Leben entstehen lässt und Shiva (Thanatos) ist der Zerstörer, der Gott der das Leben vergehen lässt. Über Vischnu und Shiva steht Brahman, der den Geist repräsentiert. Es gibt in der indischen Götterwelt, den Gott Krischna, der Sohn bzw. die Inkarnation Vischnus. Krischna lehrt Ajuna in der Bhagavadgita die richtigen Handlungsweisen.

Die indische göttliche Troika und Krischna geleiten uns zu der göttlichen Dreifaltigkeit des Christentums. Gottvater als Schöpfer, der Heilige Geist und Jesus Christus. Christus im griechischen Christo (Chrischto ausgesprochen) ist als Wort und der Intonation sicherlich verwandt mit dem Wort Krischna und seiner Aussprache. Christus ist der fleischgewordene Sohn, die Inkarnation des Schöpfers, Gottvaters. Die Geschichte des Christentums ähnelt frappierend, der indischen. Christus der fleischgewordene Gottvater symbolisiert den Körper des Menschen. Der Heilige Geist repräsentiert den Geist bzw. das Bewusstsein des Menschen. Was symbolisiert Gottvater? Einige Jesuiten sind der Meinung, unter Gottvater ist die Seele des Menschen zu verstehen. Unter Zuhilfenahme der Logik könnte man zu dem Schluss kommen, dass der Mensch aus drei wesentlichen Teilen besteht, dem Körper, dem Geist (Bewusstsein) und der Seele. Anzumerken sei, dass der Geist häufig das Bewusstsein und die Seele (Emotionen, Gefühle) umfasst. Hier wird im weiteren davon ausgegangen, dass der Geist das Bewusstsein ist und die Gedanken umfasst. Die seelischen Prozesse gekennzeichnet durch Gefühle sind davon getrennt. In der Vernunft nach Cusano können sich Gedanken und Gefühle zu einer geistigen Seele im Menschen zusammenfinden.

Vergleicht man das indische und das christliche Göttersystem, so werden zwei interessante Fragen aufgeworfen.

Welcher Zusammenhang könnte zwischen indischen und christlichen Göttern bestehen?

Gibt es Unterschiede in der Hierarchie der indischen und christlichen Götter?

Zu der Frage des Zusammenhangs: Vischnu als Schöpfer des Lebens könnte man mit Gottvater. gleichsetzen und Brahman als geistiger Gott der Inder mit dem Heiligen Geist. Der Zerstörer Shiva, der neutral das Vergehen des Lebens symbolisiert findet sich in der christlichen Welt als böser Teufel und als Gegenspieler Gottvaters (siehe dazu Zarathustra) wieder. Jesus Christus (Krischna) als Symbol für den Körper, der fleischgewordene Gottvater ist in der Dreifaltigkeit zum Gott erhoben. Die drei Götter des des Christentums symbolisieren die drei Teile des Menschen.

Gottvater, die Seele - Vischnu

Der Heilige Geist(das Bewusstsein), die Gedanken – Brahman

Jesus Christus den Körper - Krischna

Der Teufel als Gegenspieler Gottvaters ist negativiert – Shiva (neutral)

Zur zweiten Frage der Hierarchie der Götter.

Brahman, der heilige Geist (die geheiligten Gedanken) ist in der Trilogie der indischen Götterwelt der höchste Gott. In der christlichen Dreifaltigkeitstrilogie ist Gott Vater, Repräsentant der Seele, Gefühle, Emotionen bzw. Psyche, der höchste Gott.

Bevor der Zusammenhang bzw. die gegenseitige Beeinflussung von Gedanken (Geist) und Gefühlen (Emotionen) erläutert wird, seien kurz die Götter zwei anderer Religionen erwähnt.

Höchste Gott der Götterwelt der Römer war Jupiter, Gott der Sonne. Ein weiterer hoher Gott, Mars als Gott des Krieges spielte bei den Römern eine bedeutende Rolle. Um 500 vor Christi für die Verteidigung des bedrängten Roms, die von Norden von den Etruskern und von Süden von den Griechen in ihrer Existenz bedroht wurden. Im weiteren zum Aufbau einer imperialen Macht. Nach fast 1000 Jahren verlor Mars, der Kriegsgott seinen Einfluss und wurde durch das Christentum abgelöst.

Der Buddhismus kennt keinen Gott nur den Propheten Buddha. Dennoch gibt es ein göttliches Ziel, die Erkenntnis und das Erreichen der heiteren Gelassenheit.

Welche Bedeutung dem islamischen Allah zuzumessen ist, ist mir nicht bekannt. Vielleicht hat er die Bedeutung der Vereinigung von Geist (Gedanken) und Seele (Gefühlen).

Die Gefühle in der Form von Intuition und Instinkt steuern das organische Leben bzw. das kollektive Verhalten der Gattungen. Expansion und Kontraktion der Gattungen sowie ihr Zusammenleben. Insbesondere wird das Verhältnis der Tiere inklusive Menschen untereinander durch Flucht und Aggression bestimmt. Ausdehnung, Rückgang sowie das Aussterben von Gattungen ist Umwelt abhängig. Pflanzen und Tiere inklusive Menschen bilden das organische System, das durch die Gefühle gesteuert wird und vom Geist, den naturwissenschaftlichen Gesetzen der Umwelt bestimmt wird. Die anorganische und organische Welt wird durch die naturwissenschaftlichen Gesetze des Geistes bestimmt. Die Gefühle sind den meisten heutigen Menschen nur zum Teil bekannt (unbewusst) somit auch ihre Ordnung und ihre Funktionen. Damit sind die psychischen Vorgänge einer naturwissenschaftlichen Betrachtung entzogen. Alles was dem menschlichen Bewusstsein nicht zugängig ist, wird von den Menschen, so zeigen die vergangenen Götter, als unerklärlich und damit göttlich angesehen. Wie die psychischen Vorgänge, so sind die Vorgänge des Bewusstseins (Geist) dem heutigen Menschen größtenteils verschlossen. Durch die naturwissenschaftlichen Gesetze ist im Sinne von Heidegger eine Lichtung zu schlagen, die aber nur einen kleinen Einblick in die Funktionsweise des Geistes und der Psyche gibt.

Der Geist regelt die Struktur und Zusammenhänge des Organischen und Anorganischen. Zusätzlich, dem Geist untergeordnet wird das Leben, das Organische durch psychische, emotionale bzw. gefühlsmäßige (seelische) Prozesse geregelt.

Aus den Ausführungen ergeben sich im Sinne Heideggers, „eine Lichtung in das Bewusstsein zu schlagen" folgende Aufgaben:

Welche Struktur und Funktionen hat der Geist mit der Untersuchung der Phänomene des Bewusstseins?

Welche Struktur und Funktionen haben die Emotionen, Gefühle bzw. psychischen Prozesse?

Welchen Zusammenhang gibt es zwischen Geist (Gedanken) und Gefühlen.

Ein erster Versuch wird in den Beiträgen, Theorie der Emotion und Theorie der Phänomene bzw. Theorie der kognitiven Psychologie vorgenommen. Die folgenden Beiträge sind Bestandteile des Werks Theorie der Psychologie.

1. Richtung und Ausprägung der emotionalen Bewegung

Es gibt zwei bipolare Bewegungsrichtung der Emotionen. Umgangssprachlich unterscheiden wir:

Positive schlechte, böse-negative oder gute, gutartige

In diesen beiden bipolaren Bewegungsrichtungen gibt es zwölf Ausprägung reiner Gefühle. Man könnte sie auch als Kategorien der Emotion oder Gefühle benennen.

Positive - negative

Liebe - Hass

Freude - Trauer

Mut - Angst

Wohl sein,
schmerzlos? - Schmerz ? Gibt es andere Begriffe?

Gelassenheit? - Wut - ? Gibt es andere Begriffe?

Lust ? - Leid ?

Die „?" oben bedeuten: Ich stelle mir die Frage, ist Lust ein reines Gefühl und wenn ja welches Gefühl steht demgegenüber? Unlust? Denken Sie darüber nach. Wir können im Gespräch bleiben. Ich bin der Überzeugung Lust und Leid. Es stellt sich die Frage :" Sind Lust und Leid reine Gefühle?"

Weiterhin gibt es zwei Zustände der Emotion.

Ruhe - Unruhe (Bewegung)

Im Lateinischen bezeichnen wir Ruhe als concilliare. Unruhe oder Bewegung wird als movere bezeichnet. Die Emotion ist somit das Herausbewegte, das aus der Ruhe Herausbewegte, E(Ex) bedeutet heraus, movere bedeutet das Bewegte. Im Englischen to move.

Nun hat diese Emotion vorerst zwei Eigenschaften. Zum einen die Stärke der Bewegung, zum andern die Färbung der Bewegung. Ist die Bewegung sehr stark so ist auch das jeweilig ausgeprägte Gefühl sehr stark. Also der Mensch empfindet starke Liebe, starke Trauer starker Angst oder andererseits ist die Bewegung nicht so stark geringe Liebe, geringe Trauer, geringe Wut. Die Färbung der Bewegung bedeutet, die Art des Ausdruck gemäß der zwölf bipolaren, reinen Gefühle, der Ausdruck von Hass, Liebe, Trauer usw..

Den meisten Menschen ist es nicht möglich reine Emotionen zu extrahieren also sich darüber bewusst zu werden. Die meisten Menschen nehmen die Gedanken, sprachliche Inhalte, die auf den Gefühlen sitzen, wahr. Die dahinterliegenden Gefühle jedoch nur in reduzierter Form. Die Gefühle können weiterhin körperliche Reaktionen auslösen. Häufig bemerkt man sie am anderen, dem Gegenüber, jedoch weniger an sich selbst.

Gefühle, die man selbst bemerken kann. Z.b. Angst löst ein flaues Gefühl im Magen aus, manche Leute werden bleich vor Angst, der Angstschweiß auf der Haut oder die Zunahme der Herztätigkeit.

Wut kann durch folgende körperliche Reaktionen begleitet sein: Ein roter Kopf, starkes Gestikulieren, laute Sprache, stechende Augen, verzerrte Mimik, usw.

Die meisten Menschen nehmen eher gedankliche, sprachliche und körperliche Ausdrücke bei anderen oder sich selbst war. Auch ihre Reaktionen erfolgen insbesondere sprachlich oder körperlich. Selten wird Trauer, Angst oder Wut direkt wahrgenommen, noch seltener reagieren die Menschen mittels bewusster Emotionen.

Exkurs: Ausführungen des Tao zum Ruhezustand des Gemüts

Vorab zur Abgrenzung von Gefühl und Gemüt. Gemüt ist eine nicht eindeutige Kollektivbezeichnung menschlicher Qualitäten, wie Charakter, Erleben, Gefühl und somit eine seelisch geistige Einheit mit Bindung und Beziehung zur Umwelt. (Vergleiche Meyers Großes Taschenlexikon, 1981. Gemüt umfasst also, den gefühlsmäßig geprägten Charakter, die Gedanken, die Wahrnehmung und den gegenwärtigen Gefühlszustand).

Gemütszustände und - typen

Gemüt ist abgeleitet von Mut. Gemütlichkeit bedeutet Behaglichkeit. Platon unterteilt im Phaidros die Seele in Gemüt (thymos) und Trieb.

Adjektive für das Gemüt sind: Sonnig, schlicht, sensibel, heiter, kindlich, sanft, empfindsam. (Duden, computergeneriert), erregte Gemüter, aufs Gemüt schlagen – jemanden deprimieren, Duden im Internet) Hinzuzufügen sind: Reizbares, phlegmatisches, ruhiges und energisch, stabiles Gemüt, (vgl. Clausewitz unten), sehr regsam (beweglich), wenig regsam (unbeweglich)

Clausewitz: Das starke Gemüt kommt nicht aus dem Gleichgewicht.

4 Gemütstypen nach Clausewitz (vgl. Wikipedia):

Wenig regsam: Phlegmatisch

Sehr regsam: Menschen deren Gefühle nie eine gewisse Stärke übersteigen – Gefühlvolle, ruhige Menschen)

Sehr reizbar: Gefühle entzünden sich schnell und heftig wie Pulver, sind nicht dauerhaft

Die Gefühle kommen nur langsam in Bewegung, können große Gewalt annehmen und sind andauernd: Diese Menschen sind energisch mit tief versteckt liegenden Leidenschaften (Gefühlsmäßig geprägter Charakterstruktur).

Die taoistische Auffassung und der Bezug zum Nichts, Heideggers und Sartres

Zur umfassenden Verdeutlichung ist es notwendig einen größeren Abschnitt aus: Der Lauf des Wassers, Allen Watts, 1983, Seite 169-171, zu zitieren:

„Lass das Ohr hören, was es hören will, das Auge sehen, was es sehen will, den Mund sprechen, was er sprechen will, gibt dem Körper alles, was er zu seiner Bequemlichkeit begehrt, lass dem Geist freien Lauf. Jetzt will das Ohr Musik hören, und wenn sie ihm versagt wird, verkrampft sich der Gehörsinn. Das Auge will fleischliche Schönheit sehen, und wird sie ihm versagt, so verkrampft sich der Gesichtssinn. Die Nase begehrt die Nähe der duftenden Pflanzen. Wenn sie sie nicht bekommt, verkrampft sich der Geruchssinn. Der Mund begehrt von dem zu reden, was war und was falsch ist, und wenn er nicht reden darf, verkrampft sich das Wissen. Der Körper begehrt für sein Wohlbefinden Wärme und gute Speisen. Hinderst du sein Verlangen danach, so verkrampft du das, was die Menschen natürlich und wesentlich ist. Der Geist begehrt die Freiheit, nach Belieben umher zu schweifen und hat er diese Freiheit nicht, so wird der Mensch in seinem Wesen selbst verkrampft und behindert. Tyrannen und Zwingherren verkrampften uns auf solche Art und Weise. Setzen wir sie ab und erwarten wir gleichmütig den Tod." (Vergleiche: Lieh-tzu 7.5, tr. Waley, Seite 41-42).

„ Du versuchst dich selbst zu einen, also hörst du nicht mit deinen Ohren, sondern mit deinem Herzen (Gemüt); du hörst nicht mit deinem Gemüt, sondern mit deinem Geist. Lass das Hören mit den Ohren aufhören, und das Gemüt höre mit dem Denken oder den Symbolen auf. Dann wird der Geist eine alles umfassende Leere sein, und nur das Tau umfasst die Leere. Diese Leere ist das Fasten des Herzens (Gemüts)." (Vgl. Chuang-tzu 4, tr. Auct.)

Heidegger und Sartre bezeichnen diese Leere als das Nichts oder das nichtende Sein. Es gibt also das Sein, nicht mehr. Das gesamte Sein, Gemüt inklusive Gefühl und Gedanken befindet sich in der Ruhe.

„Die Sinne, Gefühle und Gedanken müssen sich spontan äußern dürfen, im Vertrauen darauf, dass sie sich dann harmonisch ordnen werden. Der Versuch, das Gemüt mit Gewalt zu kontrollieren, ist so, als wollte man Wellen mit einem Brett glätten, und kann nur noch mehr Aufruhr zur Folge haben. Wie manche unserer Psychotherapeuten sagen: „Lasst euer Gemüt in Ruhe", und das meint Chuang-tzu sicherlich mit seinem Fasten des Gemüts. Das heißt, dass „sich selbst einen" den Versuch bedeutet, den eigenen Organismus einem autokratischen Regiment zu unterwerfen. Das ist eine deutliche Parallele zur Psychologie des indischen Yoga, wo es zum Beispiel in der Gita heißt" (Allan Watts, Der Lauf des Wassers, 1983, S. 171):

„Der mit dem göttlichen vereinte und die Wahrheit wissende Mensch: „Ich tue gar nichts", denn wenn er sieht, hört, fühlt, riecht, schmeckt, geht, schläft, atmet, weiß er wohl, dass nur die Sinne mit den Sinnesobjekten beschäftigt sind."(vergleiche Bhagavadgita 5.8-9, tr.Radhakrischnan, Seite 203).

Der Ruhezustand des Gemüts geht über den Ruhezustand des Gefühls hinaus. Die Funktion des Gefühls, des intuitiven Wahrnehmens also der emphatischen Erkenntnis ist nur bei der absoluten Ruhe des Menschen möglich. Absolute Ruhe oder absolutes Nichtsein im Sinne Heideggers und Sartres ist nur möglich, wenn neben der Gefühlsruhe, die fünf Wahrnehmungskanäle und die Gedanken ausgeschaltet sind. Nur der sechste Wahrnehmungskanal, dass Fühlen ist eingeschaltet. Ein frei umher schwingendes Gefühl und ein frei umher schwebender Geist (Gedanken) erkunden das Innere und Äußere des Menschen. In diesem Zusammenhang stellt sich auch die gelassene Heiterkeit des Buddhismus, mit dem kaum merklichen Lächeln des Buddha, ein. Über diesen Weg ist ebenso das Geheimnis des Heiligen Gral zu erreichen," Die Freude des Körpers und die Ruhe der Seele." Im Parzival von Wolfram von Eschenbach zu finden, der diese Weisheit bei Epikur gelesen hatte.

Den meisten heutigen Menschen bleibt dieser Zustand verborgen. Von Kindesbeinen an, über den Kindergarten, die Schule und die berufliche Tätigkeit werden sie hinsichtlich der Existenzsicherung angetrieben. Der Treibstoff der Menschen in den Gesellschaften ist notwendigerweise die Aktivität. Ruhe und Passivität nehmen einen kleinen Teil seiner Existenz ein und dienen nur seiner Kräftigung zur weiteren Aktivität. Das System ist unerbittlich.

2. Theoretische Abgrenzung und das Wesen von Emotionen

Als Psyche oder Seele können wir die Gesamtheit des Lebens oder der Lebensenergie von organischen insbesondere menschlichen Existenzen bezeichnen. Das ist eine übergeordnete Sicht. Individuell prägt sich die Seele aus. Sei es nun, das die Seele uns von außen von etwas übergeordnetem eingegeben wird und möglicherweise dahin wieder zurück entweicht. Sei es, dass die Psyche aus der Molekülkonstruktion des organischen, dem Einzeller dieses Leben, das das organische vom anorganischen unterscheidet, entsteht.

Die Emotionen sind ein Teil der Psyche oder Seele und sind als diesseitiger Teil und Äußerung der Seele aufzufassen. In der deutschen Sprache werden diese Emotionen auch Gefühle genannt. In der deutschen Definition werden Gefühle als langfristig und Emotionen als kurzfristig angesehen. Dieser Auffassung folgt der Autor nicht!

Gefühle ist die deutsche Übersetzung für das lateinische Wort Emotion und für das griechische Wort Psyche. Die langfristige Manifestation der Gefühle findet im Charakter oder in der gedanklichen Verbindung durch die Werte statt. Die kurzfristige Manifestation der Gefühle findet in den gegenwärtigen Gefühlen statt. Der Charakter wird langfristig durch sich wiederholende Gefühle geprägt. Werte sind eine Form von Gedanken!!

Gefühle und Werte(Gedanken) verbinden sich und beeinflussen sich gegenseitig. Z.b. ein ängstlicher wird eher eine Versicherung abschließen als ein mutiger Mensch. Der Hase schließt eher eine Versicherung ab als der Löwe.

In der reinen Form ist es den Emotionen möglich zu schwingen. Sie schwingen zum Beispiel zwischen Hass und Liebe oder zwischen Freude und Trauer hin und her. Außerdem können Sie gewechselt werden, d.h. Schmerz, Liebe, Wut, Trauer usw. können in gewissen Zeitpunkten die Überhand oder Beherrschung des Körpers und des Geistes übernehmen und somit des gesamten Menschen.

Die Schwingungsfähigkeit und der Wechsel von Emotionen legt die Vermutung nahe, dass das Wesen der Quelle der Emotionen energetischer Natur ist (der Mensch spricht auch von Lebensenergie) und neben vielen anderen Eigenschaften, oszillierend sein kann.

Ähnlich wie ein elektrisches, magnetisches oder gravitatives Feld, kann ein Emotions- oder Gefühlsfeld existieren.

Die meisten Menschen haben auf die Emotionen wenig Einfluss und werden häufig von ihnen beherrscht. Gute Rhetoriker und Priester sind in der Lage, andere Menschen mittels Sprache, Stimme, Melodie und der gefühlsmäßigen Färbung der Aussage, zu beeinflussen.

3. Elemente der griechischen und römischen Rhetorik zur Beeinflussung der Emotionen

Die drei Elemente der griechischen Rhetorik sind:

Ethos (Ziel der Rede)

Pathos (Leidenschaft durch Wahl der Gefühlslage: Freudig, traurig, hasserfüllt;die Lautstärke und Schnelligkeit der Sprache beeinflusst die Stärke der Bewegtheit oder Erregung.

Pragma (Der Inhalt, dessen Struktur, die Argumentation usw)

Die drei Elemente der römischen Rhetorik sind:

Movere: Bewegen der Massen und Soldaten, um sie für die imperiale Macht Roms einzusetzen

Concilliare: Beruhigen der Massen und Soldaten,damit sie Kraft und Energie für den Kampf sammeln

Docere: Die Kunst des Dozierens, der Inhalt, dessen Struktur, die Argumentation usw)

Der Unterschied der römischen zur griechischen Rhetorik besteht im Wesentlichen darin, dass die griechische emotional differenzierter ist. Näheres später. Ebenso zur heutigen Rhetorik, deren visuelle Komponente von entscheidender Bedeutung ist. (Siehe u.a. Sammy Molcho)

Weitere gute Einflussmöglichkeiten der Emotionen sind über das Licht und die Temperatur gegeben.

4. Funktionen der Emotion

Neben dem oszillierenden und Energiefeld Charakter, können die Emotionen folgende Funktionen haben:

Vermittlung zwischen Körper und Gedanken (Bewusstsein)

Vermittlung von Gefühlen innerhalb von Kollektiven bzw. Gruppen (gemeinsames trauern oder gemeinsame Freude)

Steuerung und Auswahl von Wahrnehmungskanälen wie Auge, Ohr, usw. (Erkenntnisauswahl, Reizauswahl)

Steuerung und Auswahl der Gedanken (Bewusstsein)

Steuerung der Handlung wie intuitiv, instinktiv und intellektuell bezüglich des Vorbewussten

Zusammengefasst kann man sagen, dass Emotionen lenkenden, vermittelnden, schwingenden oder pulsierenden Charakter haben können.

5. Sechs Wahrnehmungskanäle

Die Wahrnehmungskanäle der Menschen sind:

Auge (sehen)

Ohr (hören)

Haut (Tast Sinn, empfinden)

Zunge (schmecken)

Nase (riechen)

Gefühle (sechster Sinn)? Wellen? (Feldausprägungen ?)

Gefühlsausdrücke in Form von gemeinsamen und individuellem Verhalten sind:

Lachen

Trauern

Schmerzempfinden

Ängstigen

Gut drauf sein

Hassen

Lieben

Freuen

Diese Gefühlsausprägung kommen individuell und kollektiv vor. Aus diesem Grunde ist ein Übertragungsmechanismus bei der kollektiven Ausprägung notwendig.

Die Formen der Wahrnehmung in den Wahrnehmungskanälen

Die Wahrnehmung kann:

 unbewusst-bewusst

Gerichtet-ungerichtet sein

Heideggers Lichtung des Bewusstseins und Aurobindos Supramentales

Heideggers Lichtung bedeutet: Aus dem Meer der Gedanken und Wahrnehmungen, die relevanten Wahrnehmungen und Gedanken herausfiltern. Heidegger spricht als Analogie vom Wald in der der Mensch eine Lichtung schlagen müsste. Gemeint ist, meine ich, der Wald der Gedanken und vor allem der Wahrnehmungen.

Aurobindo spricht beim Supramentalen, vom intuitiv geleiteten, im Gegensatz zum physisch geleiteten Bewusstsein. Mit dem physischen Bewusstsein meint Aurobindo das intellektuelle logische Bewusstsein

6. Arten von Bewusstseinsprozessen

Intellektuelle gesteuerte, logische Prozesse, Aurobindo (physische Prozesse)

Intuitive vom Gefühl, den Emotionen geleitete Prozesse, so genannte kreative Prozesse

Instinktive, insbesondere bei Tieren vorhandene Prozesse, die sogenannte Reaktionsprozesse der Verhaltenspsychologie bzw. des Behaviorismus, Pawlows, Skinnesr und Folgender. Besonders gut ist das instinktiven Verhalten bei Flucht-und Aggressionshandlungen zu beobachten. Z.b. das Verhalten der Tiere bei Erdbeben und Tsunamis.

Der Zusammenhang von Bewusstseinsprozessen und Handlungen

Intellekt, Intuition und Instinkte können Handlungen auslösen. Handelt der Mensch logisch, intellektuell; intuitiv, kriegsauslösend oder instinktiv? Insbesondere in Gefahrensituationen handelt der Mensch instinktiv. Die Tiere nutzen diese Art des handlungsauslösenden Bewusstseins vielfältig, insbesondere bei Flucht und Aggressionsverhalten. Sexuelles instinktives Verhalten bei Mensch und Tier zu untersuchen, wäre sicher eine spannende Fragestellung.

7. Zusammenhang der Wahrnehmungskanäle und der Bewusstseinsarten

Erfolgreiche Anwendung der Bewusstseinsarten

Der Intellekt mit der Anwendung der Logik sowie die Entwicklung der Intellektualität versperrte der Intuition, der gefühlsmäßigen Entscheidung den Weg. Die geringe Nutzung und Erkenntnis der Intuition erzeugt bei den meisten Menschen im allgemeinen schlechte Ergebnisse.

Ein äußeres Ereignis, wie das Gewinnen oder Verlieren zum Beispiel auf dem Fußballplatz beeinflussen ebenso die Freude und die Trauer oder ihnen nahestehende Gefühlszustände der Zuschauer.

Anwendungsbeispiele

Offensichtlich und offenbar ist jedem intuitiven Menschen, dass die zu große Anzahl einer Gattung die Lebensgrundlagen zerstört. Lemminge, das Aussterben der Menschen auf den Osterinseln usw.. Die Vermehrung der Gattung Mensch auf diesem Planeten zerstört seine Lebensgrundlagen. In den letzten 60 Jahren ist die Menschheit von 2 Milliarden auf 7 Milliarden angewachsen Beispiele: China, Umwelt und Sozialprobleme, Dritte-Welt. Das sind nur einige wenige herausragende Beispiele.

Redaktionsbeispiele auf diese enorme Gattungsvermehrung die sich aus dem logisch, intellektuellem ergeben sind:

Umweltschutz

Nachhaltigkeit

Hilfsprogramme

Entwicklungsprogramme

Bildung

Demokratisierung

Sozialprogramme

Aufbau von Grenzkontrollen

Aufbau von Sicherheitsindustrie (Wehrtechnik, Terrorismusbekämpfung usw).

Aufbau von Technologien mittels der man weitere Milliarden Menschen versorgen kann

Gentechnik

Accra Technik

Medizintechnik

Produktionstechnik

Warum gehen die Verantwortlichen, die Institutionen, die Pressur Groups und die NGOs nicht an die Wurzel des intuitiv, offenbaren Problems der Gattungsvermehrung der Menschen.

Folgende Ursachen werden beim ersten, logisch Augenschein erkennbar:

Technikorientiertheit

Physische Ausrichtung des Bewusstseins

Systemstabilisation (marktwirtschaftliches technologisches Wettbewerbssystem das auf Wachstum aufgebaut ist

Interessenorientierte Institutionen

Im Hintergrund lauern viele gefährliche und stark stabilisierende Gründe, unbewusst und unreflektiert. Die Werte, neben den Überzeugungen und Einstellungen.

Welche vielfältigen Werte versperren den intuitiven, offenbaren Blick auf das Überbevölkerungsproblem und dessen Folgen für die Lebensgrundlagen?

Die Religion, Gott wird es schon richten. Kinder und die Vermehrung der Art sind seit Menschengedenken zum Lebensinhalt und - erhalt sowie Quelle der Freude, das Wichtigste des Menschen.

Wir müssen mehr werden, weil andere Völker auch mehr werden und uns überrennen oder überflügeln. Bedrohung durch China, Indien, Indonesien. Überalterung der Gesellschaft. Keine Rentenzahler, keine Fachkräfte. In Entwicklungsländern aber auch vielen anderen Ländern ohne Kinder gibt es keine Altersversorgung.

Der Stolz der Erwachsene sind seine Kinder. Eine Entwicklungshilfe, die an Bevölkerungsreduktion geknüpft ist, sowie Pressure Groups oder NGOs, die dafür eintreten sind mir nicht bekannt.

8. Stimmung

Stimmung ist die Ausweitung ein oder mehrere Emotionen über den Körper eines Individuums oder eine Gruppe von Individuen. Die Stimmung ist gut! Die Stimmung ist schlecht! Das Instrument oder Organ ist gut gestimmt. Das Instrument oder Organ ist nicht gestimmt (schlecht gestimmt). Die Stimmung auf der Party war gut. Die Stimmung auf der Beerdigung war von Trauer gekennzeichnet. Beim Leichenschmaus war die Stimmung so gut wie nie. Eine Gegenreaktion der Freude gegen die Trauer? Der Gefühlsausdruck bezüglich, wir aber leben noch!? Die Stimmung kann auch konsonant, harmonisch oder dissonant, unharmonisch sein. Je nachdem ob die verschiedenen Seiten eines Instruments sich zu einem gemeinsamen Klang der uns symmetrische erscheint bzw. sich anhört, verbinden oder nicht. Genauso ist es, wenn die verschiedenen Seiten, d.h. die Gefühle der Menschen erklingen. Die hell klingende Stimme eines jungen Mädchens. Die barsche Stimme eines Feldwebels. Die hysterische Stimme einer kreischenden Frau. Die liebevolle Stimme einer Mutter oder auch die strafende. Die warme Stimme eines Freundes oder eines gutmütigen Vaters. Meistens sind diese reinen Klängen nicht zuhören. Warum nicht? Andere Seiten des Menschen, andere Gefühle mischen mit, klingen mit, übernehmen die Führung. Die gegenwärtig zu beobachtenden Gefühlsausdrücke schwimmen auf dem gefühlsmäßig geprägten Charakter, den Gedanken und der gegenwärtigen, gefühlten Situation. Hinzu kommt in der persönlichen Kommunikation das Ziel, die Absicht des Senders und die Erwartung des Empfängers. Geübte Kommunikatoren und Rhetoriker sind in der Lage ihre Stimme und ihren Körperausdruck so zu modellieren, dass das Ziel ihrer Rede und die Erwartung des Empfängers dadurch bestens unterstützt werden. Anzuführen hier wären: Verkäufer, Politiker, Prediger, Schauspieler und andere in der Öffentlichkeit stehende Personen. Hierzu dient zum Beispiel die griechische und römische Rhetorik

9. Einflussgrößen der Stimmung

Die Stimmung wird geprägt von:

Der häufig gefühlsmäßig, stabilen Charakterstruktur

Dem Inhalt der Gedanken der Sender

Der körperlichen Verfassung des Senders

Den gegenwärtigen Gefühlen des Senders

Der gegenwärtigen Situation

Den Zielen und Absichten des Senders

Den kognitiven Erwartung des Empfängers

Den Gefühlen des Empfängers

Der gegenwärtigen körperlichen Verfassung des Empfänger

10. Der Vorgang des emotionalen Wahrnehmens

Wie ist es möglich, dass die meisten Empfänger (das Publikum) die Emotionen des Senders, obwohl das Ganze unbewusst, nicht symbolisiert, abläuft, ziemlich genau entschlüsseln können?

Gehen wir mit der logischen Erkenntnis, die Vielfalt der Einflüsse auf die Stimmung und deren subjektive Interpretation durch, so werden wir, unter Berücksichtung der knappen Zeit, kaum zu einem Ergebnis kommen. Die Wahrnehmung der gefühlsmäßigen Stimmung und die schnelle Reaktion darauf, ist häufig unbewusst, wird nicht symbolisiert und entzieht sich der logischen Erkenntnis. Trotzdem wird sie von den meisten Menschen korrekt wahrgenommen und in der Regel erfolgt eine adäquate Reaktion. Als Religiöser könnte man das Problem sehr schnell lösen. Das entzieht sich der Erkenntnis, das ist unbewusst, spekulativ, da hat Gott die Hand im Spiel! Die Religiösen haben, noch nicht vor so langer Zeit, behauptet, die Sonne drehe sich um die Erde. Sie wollten nicht sehen, sie wollten ihren alten Symbolen folgen und so wurden die, die das behaupteten als Gotteslästerer bezeichnet. Und die Welt war wieder in Ordnung. Nun gab es Religiöse, die ließen sich doch mit der Zeit vom Gegenteil überzeugen. Der Glaube muss nicht unbedingt durch neue Erkenntnisse erschüttert werden.

Wir können, denke ich feststellen, dass der Vorgang des Erkennens von Gefühlen und die Reaktion darauf, mit der logischen Erkenntnis in der Regel nicht wahrnehmbar ist. Trotzdem klappt das zwischen Menschen wunderbar. Wie geht der Vorgang des Erkennens und der Reaktion vor sich? Wir können zwei Menschen betrachten. Wir können eine Gruppe betrachten. Es treffen sich zwei Menschen oder einer Gruppe von Menschen. Jeder dieser Menschen bringt einen gefühlsmäßigen Zustand mit. Dabei ist es im ersten Moment völlig egal welche Ursachen dieser gefühlsmäßigen Zustand hat. Sie mögen meinen, mit dem Wahrnehmungskanal des Auges erfassen wir unser Gegenüber und schätzen seine Gefühlslage ein. Ich meine, weit gefehlt! Nehmen wir an, der Mensch ist uns völlig unbekannt. Bei uns bekannten Menschen haben wir sicher schon eine Vorerwartung. In der Regel wird völlig unbewusst, nur einer der sechs Wahrnehmungskanäle eingeschaltet und regelt die gefühlsmäßige Situation. Der gefühlsmäßige sechste Sinn.

Die Emotionen steuern und regeln die Gattungen. Einerseits dienen die Gefühle den Lebewesen um deren Wahrnehmungen zu steuern. Andererseits drücken die Emotionen, was uns eher bekannt ist, die Stimmungen von Lebewesen aus. Der Mensch aber auch der Hund ist ängstlich, traurig, freudig oder mutig. Die Gefühlslage von Menschen kann in mehreren Zuständen vorkommen. Zwei zentrale Ausprägungen sind: Der stabile Gefühlszustand, der sich im Charakter manifestiert. Der melancholische, grundsätzlich ängstliche, der mutige oder der gelassene Mensch. Diese emotionale, charakterorientierte Lage ist zeitlich stabil und häufig kaum änderbar. Neben dieser zeitlich stabilen Emotion oder auf dem Hintergrund dieser Emotion zeigen sich in der Stimmung des Menschen gegenwärtige, kurzfristige Gefühle. Die gegenwärtigen und kurzfristigen Gefühle ändern sich aufgrund innerer oder äußerer Ereignisse. Denkt der Mensch an eher freudige Ereignisse, so stellt sich häufig ein freudiges Gefühl ein. Denkt der Mensch an trauriger Ereignisse oder Bedrohungen, so können sich diese Gefühle bei ihm Einstellen. Auf einer Trauerfeier stellen sich in der Regel andere Gefühle ein als auf einer Hochzeit. Ein Trauerkloß oder Melancholiker verbreitet andere Gefühle als ein Komiker oder Harlekin. Die Stimmung ändert sich kurzfristig, temporär und beeinflusst die stabile Gefühlsstruktur des Charakters auf Dauer nur im geringem Maße. Einige Tiere und Tierarten aber auch Menschen vermehren sich nicht mehr, wenn sie erahnen bzw. das Gefühl haben, dass die Umwelt ihren Nachfahren keine günstigen Lebenschancen eröffnen wird. Bei Tieren möglicherweise auch bei Menschen nimmt dann völlig unbewusst die Fruchtbarkeit ab oder es stellt sich das Gefühl ein, die Vermehrung zu vermeiden.

Die Steuerung der Wahrnehmung erfolgt bei den meisten Menschen unbewusst. Einerseits schaltet das Gefühl, den für das Ereignis optimalen Wahrnehmungskanal ein, möglicherweise auch mehrere Wahrnehmungskanäle, dann wird unbewusst oder bewusst ermittelt, welcher Art das Ereignis ist und welche Bedeutung das Ereignis für das Lebewesen hat und bewusst oder unbewusst eine Handlung ausgelöst. Zum Beispiel das Reh hört, dann sieht es eine Bewegung und anschließend wird das sich bewegende Objekt am Geruch als Mensch identifiziert. Der Mensch wird als Bedrohung angesehen. Das Tier flüchtet. Möglicherweise Laute ausstoßen um andere zum Beispiel seine Kitze zu warnen.

Wie oben gezeigt kann die Angst dazu genutzt werden um die Wahrnehmungskanäle zu regeln. Die Augen sowohl die Umgebung nach Bedrohungen ab. Die Ohren können Gefahr signalisieren oder die Nase meldet die Gefahr. Es riecht nach Gefahr, zum Beispiel der Rauch des Feuers oder der Geruch des Raubtiers. Das schmeckt mir nicht! In diesem Fall signalisiert der Mund Gefahr. Der Tastsinn spürt auf der Haut die Gefahr. Es läuft mir eiskalt den Rücken herunter. Der Angstschweiß steht ihm auf der Stirn. Mein Magen grummelt. Das Herz schlägt schneller. Wenn die inneren Organe die Gefahr anzeigen dann ist der sechste Sinn, das Gefühl direkt wirksam.

Die über die sechs Wahrnehmungskanäle erkannten Symbole (Zeichen) können einzeln oder gemeinsam, sich gegenseitig kontrollierend, entweder direkt durch zunehmend gefühlte Angst, eine Handlung in Form von einer Fluchtbewegung, Vermeidung oder eines Angriffs auslösen. Weiterhin können durch die im Bewusstsein ausgelöste Gedanken und Bilder Entscheidungen hinsichtlich der Handlung ausgelöst werden. Die Handlungsauslösung kann instinktiv, intuitiv oder rational erfolgen.

Gefühle können neben der Regelung und Steuerung der Wahrnehmungskanäle und des Bewusstseins sowie der Handlungsauslösung bewusst oder unbewusst zur Verhaltenssteuerung benutzt werden. Durch Emotionen werden unbewusst oder bewusst Gruppenprozesse von lebenden Individuen gesteuert. Freude, Angst, Mut, Trauer, Melancholie, Zwang usw. können sich über Gruppen und große Kollektive ausweiten. Diese gemeinsamen Gruppengefühle können Anlass bedingt sein, durch den Tod eines Mitglieds der Gruppe, durch eine äußere Bedrohung der Gruppe, einen gemeinsamen Sieg usw.. Andererseits können einzelne formale oder informale Führer Angst, Trauer oder Freude in einem Kollektiv erzeugen. Komiker, Kabarettisten, Priester, Führungskräfte in der Armee oder anderen Institutionen (siehe dazu obenstehende griechische und römische Rhetorik) oder im negativen Sinne Hitler oder Goebbels (siehe dazu: Massenpsychologie von Le Bon).

Einen großen Einfluss auf die stabilen, charakterlich geprägt Gefühle als auch auf die gegenwärtigen Emotionen haben häufig Systeme bzw. die Umwelt. Die nordisch, emotional unterkühlten Menschen oder die heißblütigen Südländer aus den warmen Gefilden. Die Menschen im kriegerischen Syrien haben sicherlich andere Gefühle als die Menschen im eher friedlichen Europa. Die angespannten, leistungsorientierten Bürger des Westens, Japans, Koreas, Singapurs und Chinas haben langfristige und kurzfristige Gefühle, die durch Zwang, Überforderung und Versagensangst gekennzeichnet sind. Während viele Afrikaner, Balinesen, Thais und Süd- und Mittelamerikaner auch Franzosen, Spanier und Italiener sowie Griechen von einer gewissen lockeren Gefühlslage mit weniger Zwang, Versagensängsten und weniger Anspannung hinsichtlich ihrer langfristigen als auch kurzfristigen Stimmungslage gekennzeichnet sind.

Die melancholischen, depressiven zunehmenden Zustände aber auch die durch permanenten Antrieb gekennzeichneten ADS und ADHS Kranken, die so genannten Zappelphilips aber auch die aus dem Zwang entstehenden schizophrenen und schizoiden sind das Ergebnis des Systems der Leistungs orientierten Staaten. Die Gefühlslagen der Kinder werden in frühem Alter bereits charakterlich so geprägt, dass die Vielfältigkeit des Gefühlslebens nicht mehr möglich ist.

11. Multipolarität und die Grundfunktionen Handlungs- und Wahrnehmungssteuerung des Gefühls

Die 12 multipolaren und bipolaren reinen Gefühle

Positive   -   negative

Liebe   -   Hass

Freude   -   Trauer

Mut   -   Angst

Wohl sein,
schmerzlos? - Schmerz   ? Gibt es andere Begriffe?

Gelassenheit? - Wut   -   ? Gibt es andere Begriffe?

Lust ?   -   Leid ?

Die Gefühle, die in die Bewegung treten sind einerseits, wie oben beschrieben bipolar ,(d.h. sie haben negativen oder positiven Charakter) und andererseits sind sie multipolar, d.h. es können einzelne Ausprägungen, wie, die der Angst, der Liebe, des Mut usw. auftreten. Die Gefühle kommen aus dem Ruhezustand in einen Unruhezustand bzw. in einen bewegten Zustand. Damit werden die Emotionen äußerlich wirksam und können sich sprachlich, körperlich und energetisch äußern. Diese Gefühlsäußerung können individuell und kollektiv geschehen. Die Gefühle steuern neben dem Bewusstsein die menschlichen Handlungen. Es bestehen Interdependenzen zwischen den Gefühlen und den Gedanken des Bewusstseins. Einerseits steuern die Gedanken die Gefühle andererseits steuern häufig unbewusst die Gefühle. die Gedanken. In Kollektiven steuern häufig einzelne Individuen mittels Gedanken und Gefühlen die Gruppe. Ist das Gefühl aktiv also in Bewegung, so hat es eine steuernde, gestaltende Funktion.

Neben der steuernden gibt es eine explorative Funktion des Gefühls, die umgangssprachlich Intuition genannt wird. Hinsichtlich der Umwelt und den darauf bezogenen Handlungen kann das

Gefühl als Wahrnehmungs- oder emphatisches Erkenntnisorgan genutzt werden.

These: Die Wahrnehmungs- oder Erkenntnisfunktion des Gefühls ist nur dann störungsfrei und effektiv nutzbar, wenn der Erregungszustand minimal oder nahe Null ist also sich das Gefühl im Ruhezustand befindet.

Der erregte oder bewegte Zustand erzeugt Polarität. Polarität und ihre Stärke überlagern die Intuition und führen zu falschen Schlüssen. Zum Beispiel wird ein ängstlicher Mensch zu einer anderen intuitiven Entscheidung kommen als eine mutige oder traurige Person.

12. Die gefühlsmäßig geprägte Charakterstruktur und ihr Einfluss auf das Bewusstsein

Der Charakter eines Menschen wird durch Emotionen geprägt. Siehe dazu Otto Rank, Wilhelm Reich und Alexander Lowen (Bioenergetik). Die vorgenannten Psychoanalytiker und Psychotherapeuten beschreiben die Repräsentation der Gefühle im Körper.

Die Persönlichkeit wird durch Gefühle geprägt. Persona aus dem lateinischen übersetzt, bedeutet Maske. Der Mensch entwickelt aus den erfahrenen Gefühlen und Geschehnissen eine Maske, die sich gefühlsmäßig, gedanklich und körperlich, in Form einer Charakterstruktur niederschlägt.

Diese Maske bzw. Charakterstruktur ist in der Regel unbewusst und nicht symbolisiert also nicht im Bewusstsein verankert.

Außenstehende Beobachter können anhand der Mimik, Tonlage, Körperhaltung, Gestik, Sprache usw. also durch äußere körperliche Zeichen, Rückschlüsse auf den Charakter ziehen. Der beobachtete Mensch erkennt seine körperlichen Zeichen im wesentlich geringerem Maße. In der Regel schließt der Beobachtete aus den Reaktionen des Beobachters, auf sein Verhalten.

Charakter und Verhalten sind zu unterscheiden. Der Mensch verhält sich häufig auf der Grundlage seines Charakters. Das Verhalten wird auch durch andere Einflussgrößen bestimmt. Zum Beispiel von Zielen, gegenwärtigen Gefühlen, Erwartungen des Anderen usw..

Die Inhalt des Absatzes zeigt die Grenzen der logisch/ empirischen Erkenntnis und die des Behaviorismus auf. Verhalten ist also nicht nur bedingt von den Reizen der Umwelt, wie es die Verhaltenspsychologie annimmt sondern von mehreren Einflussgrößen.

Verlassen wir die Komplexität des oben aufgezeigten Geschehens. Zum Abschluss des Artikels werden die Erkenntnisformen betrachtet und es erfolgt eine Ausführung, warum die logisch/ empirische Erkenntnis derzeit wenig geeignet ist die Bildung von Symbolen und Phänomenen zu erfassen.

Im weiteren wird begründet warum die Emotionen einen überragenden Einfluss insbesondere unbewusst auf die Bildung von Symbolen und Phänomenen haben und damit der gefühlsmäßig geprägte Charakter und das gegenwärtige Gefühl.

Anhand einiger Beispiele wird versucht die Annahme zu begründen.

Caterpillar führte vor über einem halben Jahrhundert orange und grüne Landmaschinen ein. Die bisherigen, häufig gedeckten, braunen Farben wurden durch frische Farben ersetzt. Insbesondere dadurch wurde Caterpillar zum größten Landmaschinenhersteller der Welt. Andere Hersteller führten den Farbwechsel erst wesentlich später durch. Selbst farbige Turbinen sind beim Käufer beliebter als nicht gefärbte Turbinen. Die äußere Anmutung führt zum bevorzugten Kauf.

Viele empirische Studien des Marketing stellten fest, dass Käufe, ebenso multipersonale Käufe zu über 50 % emotional motiviert sind also von Gefühlen, nicht von logisch/ empirischen Erkenntnissen bestimmt werden.

Noch vor einigen Jahrzehnten bestimmte die Qualität eines Produktes die Wahl des Kaufes. Heute wird die Wahl des Kaufes überwiegend vom Design also dem Äußeren des Produktes bestimmt. Siehe insbesondere H&M und Premium Hersteller wie Apple, Louis Vuiton. Mercedes-Benz soll 50 Ingenieure beschäftigen, die sich damit befassen, den satten Ton des Zuschlagens der Autotür zu untersuchen.

Ehe-, Lebens- und Geschlechtspartner werden im überwiegendem Maße gefühlsmäßig gewählt. Wenn auch bei Frauen der Status und die finanzielle Lage des Mannes und bei Männern das Aussehen von Frauen eine zentrale Rolle spielt.

Betrachten wir einige politische Beispiele. Ein sehr gefährliches Pflaster. Bei vielen extremen rechten und linken Parteien, insbesondere in der Vergangenheit ist der Hass eine zentrale Größe der Motivation der Massen. Hitler und Goebels sind beste Beispiele.

Ohne dass ich lebende Politiker nennen möchte sei angemerkt, dass diese Vertrauen, Hoffnung auf Stabilität und Fortschritt vermitteln wollen und bemüht sind sympathisch zu erscheinen.

Vertrauen, Hoffnung und Sympathie sind eine andere Kategorie von Gefühlen als die, der reinen Gefühle. Zur Erinnerung die Kategorie eins der reinen Gefühle:

Die bipolaren zwölf reinen Gefühle

Positive - negative

Liebe   -   Hass

Freude   -   Trauer

Mut   -   Angst

Wohl sein,
schmerzlos? - Schmerz   ? Gibt es andere Begriffe?

Gelassenheit? - Wut   -   ? Gibt es andere Begriffe?

Lust ?   - Leid ?

Vertrauen, Hoffnung sind gemischte Gefühle (Kategorie zwei) und sind dem Mut zuzuordnen.. Sympathie im Sinne von Zuneigung, Anerkennung ist dem reinen Gefühl Liebe zuzuordnen.

Im Unterschied zu den reinen Gefühlen sind die gemischten Gefühle mit körperlichen Empfindungen und gedanklichen Vorstellungen verbunden.. Vertrauen, Hoffnung und Sympathie sind im oben genannten Zusammenhang besonders mit Gedanken verbunden. Vertiefte Ausführung über die gemischten Gefühle (Kategorie zwei) werden in einem gesonderten Artikel veröffentlicht.

Gefühle des Charakters und gegenwärtige Gefühle überstrahlen, in der Regel unbewusst die ästhetischen Wahrnehmungsdimensionen.damit tritt eine dritte Dimension hinzu, die Gefühle, die die Symbol- und Phänomenbildung am stärksten bestimmen und das meistens unbewusst.

Die ästhetische bzw. sinnliche Wahrnehmung ist durch drei Dimensionen geprägt:

Durch die sechs Wahrnehmungskanäle

Durch die ausgewählten, wahrgenommenen Eigenschaften der betrachteten Realität

Im wesentlich durch die gegenwärtigen Gefühle und die der Charakterstruktur

Der eigene Gefühlszustand wird häufig in die Realität hinein interpretiert und bildet somit das Modell von der Realität im Lichte dieses gegenwärtigen Gefühlszustandes ab. Die ängstliche Charakterstruktur einer Person verstärkt diese Interpretation. Ein sich ängstigender Mensch wird die Dunkelheit oder einen dunklen Keller als Furcht einflößend, wahrnehmen. Der mutiger Mensch wird den Keller dunkel wahrnehmen aber sich nicht ängstigen. Ein Mensch der im Dunklen schlechte Erlebnisse gehabt hat, wird den dunklen Keller als bedrohlicher ansehen, als ein Mensch, der in der Dunkelheit keine schlechten Erfahrungen gemacht hat.

Anmerkung: Furcht ist dem Begriff Angst zuzuordnen und ein gemischtes Gefühl.

13. Exkurs reine und gemischte Gefühle (Kategorie eins, Kategorie zwei)

Jedes reine Gefühl kann auch in Form des gemischten Gefühls auftreten. Um Ihnen das zu verdeutlichen, sei das Beispiel des reines Gefühl der Liebe mit seinen drei Ausprägungen gewählt.

Die Spielformen der Liebe:

Der emotionale Charakter der Liebe bedeutet für viele Menschen Zuwendung, Zuneigung, sich wohl fühlen. Bei dem Verlust des Geliebten, Trauer empfinden. Gleichklang empfinden aber es kann und da wird es kompliziert, auch das Lieben gemeinsamer Dissonanz gemeint sein oder die masochistische oder sadistische Liebe. Im Extremfall die Nekrophelie, die Liebe zum Tod bzw. die Totenliebe. Auf der anderen Seite, die Liebe zum Kind.

Diese reinen Ausprägungen der emotionalen Liebe können in die zweite Form der körperlichen bzw. sexuellen Liebe übergehen.

Die dritte Form der Liebe ist die platonische oder geistige Liebe. Hier verknüpft sich die emotionale Liebe mit den Gedanken. Interessen, Denkweisen, Anschauungen, gemeinsame Handlungen und Werten der Menschen. Sie lieben die gleichen Gedanken und Handlungen. Golf, Fußball, Autos, Kinder, Luxus, emphatisches Verhalten, die Liebe zur Philosophie, Physik, Medizin usw. verbinden die Menschen.

Um sich mit dem Begriff der Liebe auseinander zusetzen, sei Platons Symposium empfohlen. Symposium ins Deutsche übersetzt heißt: Das Gastmahl. Im Gastmahl erzählt Sokrates sehr kurzweilig von der Liebe und deren Formen. Die Ausführung sei nicht von ihm sondern er hätte es von einer weisen Frau namens Diotima gehört. Die Liebe ist eine Art Göttin im Pantheon der alten Griechen.

Weitere Vertiefung zu dem Thema in Erich Fromm, Kunst des Liebens, und Menschliche Destruktivität.

Der erste Absatz unter Formen der Liebe bezeichnet die reine Form der Liebe. Die emotionale Liebe verbindet sich nicht mit dem Körper oder den Gedanken.

Die sexuelle Liebe wird auch als körperliche Liebe bezeichnet. Die Liebe als Emotion verbindet sich mit den Körper. Das wird als gemischtes Gefühl bezeichnet.

Die platonische oder geistige Liebe verbindet Gedanken mit der emotionalen Liebe. Es handelt sich also um ein gemischtes Gefühl. Vertiefung hinsichtlich der Klassifikationen in einem der nächsten Beiträge.

14. Arten bzw. Klassen von Gefühlen

Im deutschen Sprachraum gibt es die Kluge – Liste. Die Liste umfasst ca. 200 Gefühle. Im anglo amerikanischem Raum gibt es eine Liste mit ca. 700 Gefühlen. Es sind Auszählungen, die nicht klassifiziert sind.

Erste Klasse: Wie in den oberen Ausführungen gezeigt, gibt es zwölf reine Gefühle.

Zweite Klasse: Gefühle, die den Charakter prägen und gegenwärtige Gefühle.

Dritter Klasse: Gefühle, die im Menschen entstehen und Gefühle. die von außen verursacht werden.

Vierte Klasse: Die gemischten Gefühle bestehend aus:

Gefühle, die sich mit anderen Gefühlen vermischen.

Gefühle, die mit Gedanken gemischt sind.

Gefühle, die mit dem Körper verbunden sind.

Fünfte Klasse: Reale und irreale Gefühle.

Sechste Klasse: Echte und unechte Gefühle.

15. Das Wesen der Emotionen und seine Erscheinungen

Das Gefühl hat einen Ruhe- und einen bewegten Zustand. Im bewegten Zustand kann es, wie das Licht, pulsierend und oszillierend auftreten. Unter dem Einfluss von Drogen zum Beispiel Mescalin sind Gefühlszustände farblich wahrnehmbar. Die Farbskala Ral 3000 umfasst 3000 verschiedene Farben. Ähnlich farbig könnten die Gefühlszustände sein? Dazu Aldous Huxley: „"Es zeigten sich goldene Lichter. Prächtige, rote Flächen, von hellen Knoten von Energie ausgehend, schwollen an und dehnten sich aus . In grauen Gerüsten tauchten bläulichblasse Kugeln auf, die sich verfestigten, geräuschlos aufwärtsglitten und verschwanden. Vgl. Aldous Huxley, die Pforten der Wahrnehmung, Himmel und Hölle, Serie Piper, 1977, München.

Umgangssprachlich werden einigen Gefühlen Farben zugeordnet. Ein erster Versuch. (Siehe dazu die Grafik auf dem Titel):

Liebe – rot, rosa, lila

Trauer – schwarz

Depression – grau, dunkelgrau, hellgrau

Wut – rot, er wurde vor Wut ganz rot im Gesicht

Hass – weiß, bleich sie wurde vor Hass ganz weiß im Gesicht

Angst – weiß, undbleich das Blut wich ihm aus Angst aus dem Gesicht, der Angstschweiß trat auf die Stirn, flau oder mulmig im Magen

Freude – gelb, strahlendes Gelb

Mut – hier könnte man blau zuordnen

Die Farbe des positiven Gefühls und des Lebens, das Grün der Pflanzen

Die Farben der Blumen wenn sie blühen

Die Farben der positiven Gefühle sind eher hell schattiert

Die Farben der negativen Gefühle sind eher dunkel schattiert

Die Töne des Gefühls:

Liebe – warmherzig, hell, schwingend, beschwingt,melodisch, eher leise

Trauer – verlangsamt, dunkel, Moll, leise

Wut – laut, kreischend, unruhig und

Freude – melodisch, harmonisch, hell, sonnig

Angst – bedrohlich

Hass – kalt

Gelassenheit – ruhig

Die Temperatur des Gefühls:

Liebe – warm,strahlend, sonnig

Trauer – kühl, die Kühle des Grabes

Wut – heiß, er war heiß vor Wut

Freude – warm,strahlend, sonnig

Hass – kalt,kalt vor Hass machte er ihn nieder

Gelassenheit – wohl temperiert

Angst – fröstelnd, er fröstelte vor Angst,der kalte Angstschweiß trat ihm auf die Stirn

16. Die drei Erkenntnisformen nach Rogers

Laut Rogers(Zusammenfassung nach Linster (1980, S. 179)) gibt es drei Erkenntnistheorien.

Die subjektive Erkenntnis. Dieses ist nicht die klassische Subjektivität einer Meinung sondern bezieht sich auf die Erkenntnis der eigenen Gefühlslage. Zum Beispiel hasse ich jemanden oder will ich ihn weniger stark hassen .

Die objektive Erkenntnis. Hier handelt es sich um die Erkenntnis im klassischen Sinne unter Zuhilfenahme unserer Logik und Empirie.

Die intersubjektive oder emphatische Erkenntnis. Diese ist weit komplizierter als das auf den ersten Blick erscheint. Das Hineinversetzen in den anderen, insbesondere hinsichtlich seiner gefühlsmäßigen Lage oder seiner Sichtweise bezogen auf das Wertesystem. In der vereinfachten Form auch mitführen genannt. Auf den ersten Blick scheint uns das ungewohnt aber dennoch ist es für viele möglich.

Die emphatische Erkenntnis ist insofern kompliziert, wie die Phänomenologie als auch die Kantsche ästhetische Wahrnehmung, das Verständnis dieser Erkenntnisraum erheblich erschweren.

Zuerst sei der Zusammenhang verdeutlicht, den die emphatische Erkenntnis mit der Phänomenologie aufweist.

Ist die Realität für den Einfühlenden und für den, in den eingefühlt wird, gleich also objektiv, so wäre es relativ einfach. Die emphatisch Erkennende müsste sich nur in die Gefühlslage des anderen hineinversetzen. Da von beiden die Realität unterschiedlich wahrgenommen werden kann und in der Regel wahrgenommen wird, muss der Einfühlende sich nicht nur in die Gefühlslage des anderen versetzen sondern auch die Realität, so wie dieser sie wahrnimmt,berücksichtigen.(siehe oben der Vorgang des Symbolisierens bzw. bilden von Phänomen). Alle oben genannten drei Dimensionen müssten dabei Berücksichtigung finden.

Welche relevanten Wahrnehmungskanäle bzw. welcher Wahrnehmungskanal wird genutzt?

Welche relevanten Eigenschaften der betrachteten Realität werden symbolisiert?

Welche relevanten Gefühle werden symbolisiert?

Welche relevanten Wahrnehmungskanäle werden nicht oder nur eingeschränkt genutzt?

Welche relevanten Eigenschaften der Realität werden nicht symbolisiert, sind unbewusst?

Welch relevanten Gefühle sind unbewusst, werden also nicht symbolisiert (Charakter, gegenwärtige Gefühle?

Die gleichen Fragen müsste sich der, die emphatische Erkenntnis nutzende Beobachter gleichfalls stellen! Insbesondere müsste der Beobachter seine Relevanz und die Relevanz des Beobachteten hinsichtlich der oben gestellten Fragen, überprüfen (Unter anderem mittels Supervision).

Literatur

Gadamer, H. G.: Die Aktualität der Schönen. Reclam, Stuttgart 1977, gedruckt 1998

Linster, H. W.: Gesprächspsychotherapie. In: Linster, H. W., Wetzel, H. (Herausgeber) Veränderung und Entwicklung der Person: Grenzen und Möglichkeiten psychologischer Therapie. Hoffmann und Campe, Hamburg 1980 S. 170-129

Rogers, C. R.: Die klientenzentrierte Gesprächspsychotherapie. Kindler, München 1976

Bhagavadgita, Diederichs Gelbe Reihe, vierte Auflage, 1985, Köln

Alan Watt, Der Lauf des Wassers, Suhrkamp Taschenbuch 878, 1983

Aldous Huxley, Die Pforten der Wahrnehmung, Himmel und Hölle, Piper, 7. Auflage, 1977

Youtube Video: Emotionen kontrollieren, Hubertus Ihn

Theorie der kognitive Psychologie unter Berücksichtigung der Phänomenologie

Emotionen, und ihr Einfluss auf Phänomene, Symbolisation und ästhetische Wahrnehmungen

Emotionen, und ihr Einfluss auf Phänomene, Symbolisation und ästhetische Wahrnehmungen

1. Grundlagen Symbolisieren und Wahrnehmen sowie Wahrheit

Wahrheit eines Models im Bewusstsein ist das Abbild von der Realität und damit in der Regel eine subjektiver Teil der Wahrheit.

Der Vorgang der Bewusstwerdung des Vor- oder Unbewussten geschieht durch Symbolisieren (vergleiche Gadamer S. 29, Kapitel 2S. 41; Rogers 1976, S. 438).

Symbol ist ein griechisches Wort und ins Deutsche übersetzt, heißt es Erinnerungsscherbe. Ein Gastgeber gibt dem Gast eine Hälfte einer durchgebrochenen Scherbe, die andere Hälfte der Scherbe behält er für sich. Kommt nach Jahren jemand mit der Scherbe wieder und man hält die

Scherben aneinander, so erkennt man daran das Ereignis und die Person. Man kann es als antikes Passwesen auffassen. (Gadamer, S. 41)

Das Symbol ist somit der Anker mit dem wahrgenommen werden kann, um was es sich handelt. Das Symbol kann ein Begriff, Ton, Geschmack, Geruch, Tastgefühl, Bild oder emotionales Gefühl sein.(entsprechend der sechs Wahrnehmungskanäle).

Die sechs Wahrnehmungskanäle

Sehen (Auge)

Hören (Ohr)

Schmecken (Mund, Zunge)

Riechen (Nase)

Tasten (Haut)

Fühlen (?, Wellen ?, Feld?)

Solange etwas nicht symbolisiert ist, entzieht sich das Ereignis oder der Gegenstand dem Bewusstsein des Betrachters.

Angemerkt sei in diesem Zusammenhang, dass das schöne Wort, wahrnehmen, für wahr nehmen, bedeutet. Also das Symbol wird im Bewusstsein für wahr gehalten.

Jeder psychodiagnostische Prozess sollte damit beginnen, festzustellen welche Gefühle drückt der Klient aus, welche Gefühle kann er erkennen und mit welchen Begriffen belegt er diese. Rogers bezeichnet das Belegen der Gefühle mit Begriffen als Symbolisation. Symbolisieren bedeutet in diesem Zusammenhang ebenso Bewusstwerdung. Viele Gefühle sind bei vielen Menschen unbewusst. Die Bewusstwerdung und Begriffseinübung ist ein zentrales Element der Psychotherapie. Ein immer wieder hervorgehobenes Problem der Psychotherapie ist die Abwehr der Bewusstwerdung von Gefühlen in Form von Blockaden, Übertragungen usw.

2. Phänomene und der Vorgang des Symbolisierens

Übersetzt man das Wort Phänomen in die deutsche Sprache, so bedeutet es Erscheinung. Umgangssprachlich wird das Wort Erscheinung als Schein eines Gegenstandes, einer Person, eines Ereignisses usw. angesehen. Im Sinne: Der Mensch ist eine Erscheinung. Der Mond oder die Sonne erscheint. Weiterhin die Sonne scheint.

Der Begriff Erscheinung hat aber auch eine zweite Bedeutung, nämlich im Sinne: Das scheint mir nicht zu stimmen oder das erscheint mir dunkel oder hell, lang oder kurz usw..

An diesem Beispiel wird deutlich dass die Erscheinung einerseits von einem Gegenstand ausgehen kann andererseits als Abbild der Realität im Bewusstsein stattfindet. Das Abbild der Realität im Bewusstsein wird als Phänomen (Erscheinung) bezeichnet..

Lebewesen insbesondere Menschen nehmen die Realität nicht objektiv und in der Regel auch nicht völlig gleich wahr. Das Bewusstsein schafft ein Modell von der betrachteten Realität und jeder

Betrachter hat meistens ein anderes Modell als der nächste. Siehe dazu Heidegger und Husserl.

Es gibt drei Betrachtungsebenen:

Die objektive Realität bzw. die äußere Erscheinung der Realität

Das Modell von der objektiven Realität bzw. die Erscheinung im Bewusstsein, das Phänomen(Symbol)

Die Reaktion des Verhaltens oder der Gefühle bezüglich des Modells von der objektiven Realität

Die Bildung von Erscheinungen von der Realität im Bewusstsein bzw. das Entstehen von Phänomenen kann in ein oder zwei Schritten erfolgen.

Erster Schritt: Durch die ästhetische Erkenntnis bzw. ästhetische Wahrnehmung gemäß Kant.

Zweiter Schritt: Durch die Modellbildung im Bewusstsein gemäß Luhmann.

21. Dimensionen ästhetischer Erkenntnis bzw. ästhetischer Wahrnehmung gemäß Kant

Wie werden die verschiedenen Erscheinungen (Phänomene) im Bewusstsein der Betrachter geschaffen? Hier hilft uns die von Kant definierte ästhetische Erkenntnis weiter. Eine bessere Formulierung als ästhetische Erkenntni,s ist ästhetische Wahrnehmung.

Für viele bedeutet der Begriff Ästhetik aus dem griechischen ins Deutsche übersetzt, schön. Eine wie sie zugeben werden sehr subjektive Angelegenheit. Allerdings hat schon bei den alten Griechen das Wort ästhetisch neben der Bedeutung schön, auch die Bedeutung, des sinnlichen Wahrnehmens. Die sinnliche Wahrnehmung ist grundsätzlich anders als die logisch/empirische Wahrnehmung.

Die logisch/ empirische Wahrnehmung legt häufig nach allgemein gültigen Regeln ein objektiviertes, abstraktes Modell zu Grunde.

Die ästhetische bzw. sinnliche Wahrnehmung wird nach Kant mittels zweier grundsätzlicher Dimensionen geprägt:

Durch die sechs Wahrnehmungskanäle

Sehen (Auge)

Hören (Ohr)

Schmecken (Mund, Zunge)

Riechen (Nase)

Tasten (Haut)

Fühlen (?, Wellen ?, Feld?)

Durch die ausgewählten, wahrgenommenen Eigenschaften der betrachteten Realität

Zum Beispiel:

Schön hässlich

Hoch tief

Lang kurz

Duftend stinkend

Angenehm unangenehm

Bitter süß

Hell dunkel

Laut leise

Trist anregend

Die Symbole bzw. Anker im Bewusstsein als Phänomene bezeichnet, verknüpfen gemäß der genutzten Wahrnehmungskanäle, Bilder (Auge),, Töne (Ohr), Geschmack (Zunge), Gefühl (?, Welle?, Feld?) usw. und der wahrgenommenen Eigenschaften wie hell, dunkel; groß, klein; usw., die Wahrnehmungen mit dem Gedanken.

Phänomene sind also Symbole von Wahrnehmung, die durch die jeweils gewählten Wahrnehmungskanäle und der wahrgenommenen, betrachteten Eigenschaften der Realität bzw. der Objekte entstehen. Phänomene sind also häufig subjektiv und vielfältig.

Sechs Wahrnehmungskanäle und Hunderte, wenn nicht Tausende von Eigenschaften schaffen bei unterschiedlichen Menschen 100 Tausende wenn nicht Millionen von unterschiedlichen Abbilder der Realität bzw. Phänomene. Selbst ein Mensch kann beliebig viele Erscheinungen im Bewusstsein haben, je nachdem, welche Wahrnehmungskanäle er benutzt und welche Eigenschaften des Gegenstandes er betrachtet.

Nicht genutzte relevante Wahrnehmungskanäle oder relevante Eigenschaften der Realität oder gar die Verleugnung der Realität, führen zur Verzerrung derselben, Umdeutung und Fehleinschätzung. Falsche Symbole und Phänomene leiten uns in die Irre. Nehmen wir Komponenten der Realität nicht wahr, so werden im Bewusstsein keine Symbole gebildet. Die Realität wird im Sinne der freudschen Auffassung unbewusst. Anmerkung: Gefühle insbesondere die eigenen werden in der Regel in geringem Maße symbolisiert. Das hat wie wir später sehen werden katastrophale individuelle, gesellschaftliche und politische Auswirkungen.

Die oben beschriebenen Zusammenhänge sind auch als Selektivität der Wahrnehmungskanäle und Eigenschaften der Realität aufzufassen. Die Selektion ist die Überleitung zum Modell von Luhmann.

Das Modell von Luhmann verknüpft die sinnlichen Wahrnehmungen wie Bilder, Töne, sprachliche Aussagen mit tendenziell wahren Werten des Betrachters.

22. Das Modell im Bewusstsein gemäß Luhmann(Symbol bzw. Phänomen als Modell)

Die drei Komponenten des Modells von Luhmann sind:

Selektion (Modellbildung)

Kompensation (Infrage stellen des angenommenen Modells von der Realität)

Entwicklung d.h. Neu Selektion bzw. aufstellen eines neuen Modells

Den Zusammenhang zum vorgenannten Kapitel bildet die Selektion. Die gebildeten Symbole bzw. Phänomene werden zu Prämissen (Annahmen). Die Annahmen werden als richtig bzw. wahr extrahiert und das Modell (Phänomen) ist handlungsleitend.

Zwei politische und gesellschaftliche Beispiele seien hier genannt.

23.Erderwärmung durch CO2-Emissionen oder/und Gammastrahlung sowie Überbevölkerung und Umweltzerstörung als Modellbeispiele nach Luhmann

Erstens die Diskussion um die Erderwärmung. Bei meinem Besuch in Bali anlässlich der Umweltkonferenz teilten mir zwei zentrale Personen der Konferenz mit, dass es völlig klar sei, dass die Erderwärmung aufgrund der CO2 Emissionen zu Stande kommt. Zwei oder 4000 Wissenschaftler, die genaue Zahl ist mir nicht mehr bekannt, würden diese Ansicht vertreten. Bei der Konferenz ginge es deshalb nicht mehr um die Ursachenanalysen sondern ausschließlich um die kommunikative, politische Akzeptanz.

Neuere Untersuchungen englischer und amerikanischer Forscher, die zwei Jahre lang in den wissenschaftlichen Publikationen bewusst zurückgehalten wurden, zeigen, dass die Weltraumhintergrundstrahlung, die so genannte Gammastrahlung einen höheren Anteil an der Erderwärmung haben als die CO2-Emissionen.

Seit der letzten Eiszeit vor ca. 14.000 Jahren erwärmt sich die Erde ständig. Die Fruchtbarkeit des Zweistromlandes, Ägyptens, ganz Nordafrika und die Entstehung der Sahara, sind darauf zurückzuführen. Englische und amerikanische Forscher wiesen empirisch nach, dass die Eiszeiten und Warmzeiten von der Weltraumhintergrundstrahlung beeinflusst worden sind.

Diese Änderung der Weltraumhintergrundstrahlung ist abhängig von der Umgebung unseres Sonnensystems. Genauso wie die Erde sich um die Sonne dreht, dreht sich unser Sonnensystem um den Mittelpunkt der Galaxie. Unser Sonnensystem durchquert seit dem Ende der letzten Eiszeit, vor 14000 Jahren, einen massereichen Spiralarm unserer Galaxie. Die Masse der darin enthaltenen Planeten erzeugt die erhöhte Weltraumhintergrundstrahlung und damit die Erwärmung der Erde.

Mir sind auch die neueren Ergebnisse der CO2-Forschung bekannt. Von ca. 200 Jahren hatten wir 150 parts per million(ppm), heute ca. 350 ppm. Bei 1000 ppm soll die Erde eisfrei sein. Dabei findet allerdings der Einfluss der Weltraumhintergrundstrahlung keine Berücksichtigung.

Hinsichtlich der Ursache der Erderwärmung gibt es zwei Annahmen:

Erstens: Die Elternerwärmung erfolgt durch die CO2-Emissionen

Zweitens: Erderwärmung erfolgt durch die erhöhte Weltraumhintergrundstrahlung

Interessen bestimmter gesellschaftlicher Gruppen als auch die Pressure Groups, NGOs und andere Institutionen sowie der Medien folgen Annahme eins.

Daraus leiten sich unter anderem folgende politische Maßnahmen ab:

Reduktion des CO2 und Folgemaßnahmen wie:

Energiewende

Reduktion von Autoabgasen

usw.

Die Maßnahmen sind sicher nicht falsch. Dennoch stellt sich die Frage, lässt sich das Problem damit lösen.

Nehmen wir Annahme zwei hinzu und nehmen wir weiter an, diese führt zu einer weit höheren Anstieg der Erderwärmung als die der CO2-Emissionen, so müssen wir ganz andere Maßnahmen treffen. Zum Beispiel die Umsiedlung ganzer Küstenbereiche ins Landesinnere oder möglicherweise nach Grönland usw..

Zweites Beispiel:

Flüchtlingsbewegungen, Krieg, Hunger, Zerstörung der Lebensgrundlagen, Zerstörung des Artenreichtums all das geschieht und wird angeprangert. Es wird ein schlechtes Gewissen verbreitet und es wird nach Schuldigen gesucht.

Der Grund, die unverhältnismäßig starke Ausbreitung der Gattung Mensch, wird tabuisiert. Anlässlich der Frankfurter Buchmesse hat der Autor des Titels: „Wir sind 10 Milliarden", das Problem in die Medien gebracht.

Annahme eins: Für eine Vielzahl von Folgeproblemen werden Schuldige gesucht und Mittel zur Bekämpfung (Maßnahmen).

Annahme zwei: Die in 60 Jahren von zwei auf 7 Milliarden angewachsene Weltbevölkerung ist das Problem. Maßnahmen zur Verminderung des Bevölkerungswachstums sind einzuleiten. Dazu gibt es kein politisches Programm außerhalb Chinas, noch ein politisches oder religiöses Bewusstsein. Ganz im Gegenteil, Kinder sind ein Segen und dienen dem durchsetzen politischer Interessen. Wie diese dann leben insbesondere als Erwachsene, interessiert niemanden. Sie dienen als Konsumenten, Arbeitskräfte und Nachschub für die Religionen.

Anzumerken sei in diesem Zusammenhang, dass ein infrage stellen, der als wahr angenommen Prämissen, gemäß Luhmann, erfolgen muss.

Luhmann nennt das Kompensation. Das Thema soll hier nicht vertieft werden. Mittels der strategischen Kontrolleinstrumente: Prämissenkontrolle und strategische Überwachung sowie der perspektivenorientierten Kontrolle wird die Kompensation durchgeführt.

Zum Beispiel zwei:

In den oben genannten Beispiel ist die Neuselektion (Entwicklung), die Folge der Kompensation in dem die Annahme zwei berücksichtigt wird, Erwärmung durch Gammastrahlung und nicht nur durch CO_2 Emissionen.

Zum Beispiel eins:

Folgeursachen werden aufgrund von Interessen und Tabuisierung im Bewusstsein als Phänomen verankert. Die eingeleiteten Maßnahmen, gemäß der Annahmen, führen nicht zur Problemlösung. Das eigentliche Problem, die Bevölkerungexplosion wird im Bewusstsein nicht als Annahme (Prämisse) symbolisiert und somit auch nicht wahrgenommen.

3. Der Einfluss der Emotionen auf die Symbole, Phänomene, ästhetische Wahrnehmung und Modelle

Der Charakter eines Menschen wird durch Emotionen geprägt. Siehe dazu Otto Rank, Wilhelm Reich und Alexander Lowen (Bioenergetik). Die vorgenannten Psychoanalytiker und Psychotherapeuten beschreiben die Repräsentation der Gefühle im Körper.

Die Persönlichkeit wird durch die Gefühle geprägt. Persona aus dem lateinischen übersetzt, bedeutet Maske. Der Mensch entwickelt aus erfahrenen Gefühlen und Geschehnissen eine Maske, die sich gefühlsmäßig, gedanklich und körperlich, in Form einer Charakterstruktur niederschlägt.

Diese Maske bzw. Charakterstruktur ist in der Regel unbewusst und nicht symbolisiert also nicht im Bewusstsein verankert.

Außenstehende Beobachter können anhand der Mimik, Tonlage, Körperhaltung, Gestik, Sprache usw. also durch äußere körperliche Zeichen, Rückschlüsse auf den Charakter ziehen. Der beobachtete Mensch erkennt seine körperlichen Zeichen im wesentlich geringerem Maße. In der Regel schließt der Beobachtete aus den Reaktionen des Beobachters, auf sein Verhalten.

Charakter und Verhalten sind zu unterscheiden. Der Mensch verhält sich häufig auf der Grundlage seines Charakters. Das Verhalten wird auch durch andere Einflussgrößen bestimmt. Zum Beispiel von Zielen, gegenwärtigen Gefühlen, Erwartungen des Anderen usw..

Die Inhalt des Absatzes zeigt die Grenzen der logisch/ empirischen Erkenntnis und die des Behaviorismus auf. Verhalten ist also nicht nur bedingt von den Reizen der Umwelt, wie es die Verhaltenspsychologie annimmt sondern von mehreren Einflussgrößen.

Verlassen wir die Komplexität des oben aufgezeigten Geschehens. Zum Abschluss des Artikels werden die Erkenntnisformen betrachtet und es erfolgt eine Ausführung, warum die logisch/ empirische Erkenntnis derzeit wenig geeignet ist die Bildung von Symbolen und Phänomenen zu erfassen.

Im weiteren wird begründet warum die Emotionen einen überragenden Einfluss insbesondere unbewusst auf die Bildung von Symbolen und Phänomenen haben und damit der gefühlsmäßig geprägte Charakter und das gegenwärtige Gefühl.

Anhand einiger Beispiele wird versucht die Annahme zu begründen.

Caterpillar führte vor über einem halben Jahrhundert orange und grüne Landmaschinen ein. Die bisherigen, häufig gedeckten, braunen Farben wurden durch frische Farben ersetzt. Insbesondere dadurch wurde Caterpillar zum größten Landmaschinenhersteller der Welt. Andere Hersteller führten den Farbwechsel erst wesentlich später durch. Selbst farbige Turbinen sind beim Käufer beliebter als nicht gefärbte Turbinen. Die äußere Anmutung führt zum bevorzugten Kauf.

Viele empirische Studien des Marketing stellten fest, dass Käufe, ebenso multi personale Käufe zu über 50 % emotional motiviert sind also von Gefühlen, nicht von logisch/ empirischen Erkenntnissen bestimmt werden.

Noch vor einigen Jahrzehnten bestimmte die Qualität eines Produktes die Wahl des Kaufes. Heute wird die Wahl des Kaufes überwiegend vom Design also dem Äußeren des Produktes bestimmt. Siehe insbesondere H&M und Premium Hersteller wie Apple, Louis Vuiton.. Mercedes-Benz soll 50 Ingenieure beschäftigen, die sich damit befassen, den satten Ton des Zuschlagens der Autotür zu untersuchen.

Ehe-, Lebens- und Geschlechtspartner werden im überwiegendem Maße gefühlsmäßig gewählt. Wenn auch bei Frauen der Status und die finanzielle Lage des Mannes und bei Männern das Aussehen von Frauen eine zentrale Rolle spielt.

Betrachten wir politische Beispiel. Ein sehr gefährliches Pflaster. Bei vielen extremen rechten und linken Parteien, insbesondere in der Vergangenheit ist der Hass eine zentrale Größe der Motivation der Massen. Hitler und Goebels sind beste Beispiele.

Ohne dass ich lebende Politiker nennen möchte sei angemerkt, dass diese Vertrauen, Hoffnung auf Stabilität und Fortschritt vermitteln wollen und bemüht sind sympathisch zu erscheinen.

Vertrauen, Hoffnung und Sympathie sind eine andere Kategorie von Gefühlen als die reinen Gefühle. Zur Erinnerung die Kategorie eins der reinen Gefühle:

Die bipolaren zwölf reinen Gefühle

Positive - negative

Liebe - Hass

Freude - Trauer

Mut - Angst

Wohl sein,
schmerzlos? - Schmerz   ? Gibt es andere Begriffe?

Gelassenheit? - Wut - ? Gibt es andere Begriffe?

Lust ? - Leid ?

Vertrauen, Hoffnung sind gemischte Gefühle (Kategorie zwei) und sind dem Mut zuzuordnen..

Sympathie im Sinne von Zuneigung, Anerkennung ist dem reinen Gefühl Liebe zuzuordnen.

Im Unterschied zu den reinen Gefühlen sind die gemischten Gefühle mit körperlichen Empfindungen und gedanklichen Vorstellungen verbunden.. Vertrauen, Hoffnung und Sympathie sind im oben genannten Zusammenhang besonders mit Gedanken verbunden. Vertiefte Ausführung über die gemischten Gefühle (Kategorie zwei) werden in einem gesonderten Artikel veröffentlicht.

Gefühle des Charakters und gegenwärtige Gefühle überstrahlen, in der Regel unbewusst die ästhetischen Wahrnehmungsdimensionen.damit tritt eine dritte Dimension hinzu, die Gefühle, die die Symbol- und Phänomenbildung am stärksten bestimmen und das meistens unbewusst.

Die ästhetische bzw. sinnliche Wahrnehmung ist durch drei Dimensionen geprägt:

Durch die sechs Wahrnehmungskanäle

Durch die ausgewählten, wahrgenommenen Eigenschaften der betrachteten Realität

Im wesentlich durch die gegenwärtigen Gefühle und die der Charakterstruktur

Der eigene Gefühlszustand wird häufig in die Realität hinein interpretiert und bildet somit das Modell von der Realität im Lichte dieses gegenwärtigen Gefühlszustandes ab. Die ängstliche Charakterstruktur einer Person verstärkt diese Interpretation. Ein sich ängstligender Mensch wird die Dunkelheit oder einen dunklen Keller als Furcht einflößend, wahrnehmen. Der mutiger Mensch wird den Keller dunkel wahrnehmen aber sich nicht ängstigen. Ein Mensch der im Dunklen schlechte Erlebnisse gehabt hat, wird den dunklen Keller als bedrohlicher ansehen, als ein Mensch, der in der Dunkelheit keine schlechten Erfahrungen gemacht hat.

Anmerkung: Furcht ist dem Begriff Angst zuzuordnen und ein gemischtes Gefühl.

4. Exkurs reine und gemischte Gefühle (Kategorie eins, Kategorie zwei)

Jedes reine Gefühl kann auch in Form des gemischten Gefühls auftreten. Um Ihnen das zu verdeutlichen will ich das Beispiel: Reines Gefühl der Liebe.

Die Spielformen der Liebe:

Der emotionale Charakter der Liebe bedeutet für viele Menschen Zuwendung, Zuneigung, sich wohl fühlen, bei Verlust des Geliebten, Trauer empfinden, Gleichklang aber es kann und da wird es kompliziert, auch das Lieben gemeinsamer Dissonanz gemeint sein oder die masochistische oder sadistische Liebe. Im Extremfall die Nekrophelie, die Liebe zum Tod bzw. die Totenliebe. Auf der anderen Seite die Liebe zum Kind.

Diese reinen Ausprägungen der emotionalen Liebe können in die zweite Form der körperlichen bzw. sexuellen Liebe übergehen.

Die dritte Form der Liebe ist die platonische oder geistige Liebe. Hier verknüpft sich die emotionale Liebe mit den Gedanken. Interessen, Denkweisen, Anschauungen, gemeinsame Handlungen und Werten. Zwei oder mehrere Menschen lieben die gleichen Gedanken und Handlungen. Golf,

Fußball, Autos, Kinder, Luxus, emphatisches Verhalten, die Liebe zur Philosophie, Physik, Medizin usw. verbinden die Menschen.

Um sich mit dem Begriff der Liebe auseinander zusetzen, sei Platons Symposium empfohlen. Symposium ins Deutsche übersetzt heißt: Das Gastmahl. Im Gastmahl erzählt Sokrates sehr kurzweilig von der Liebe und deren Formen. Die Ausführung sei nicht von ihm sondern er hätte es von einer weisen Frau namens Diotima gehört. Die Liebe ist eine Art Göttin im Pantheon der alten Griechen.

Weitere Vertiefung zu dem Thema in Erich Fromm, Kunst des Liebens, und Menschliche Destruktivität.
Der erste Absatz unter Formen der Liebe bezeichnet die reine Form der Liebe. Die emotionale Liebe verbindet sich nicht mit dem Körper oder den Gedanken.

Die sexuelle Liebe wird auch als körperliche Liebe bezeichnet. Die Liebe als Emotion verbindet sich mit den Körper. Das wird als gemischtes Gefühl bezeichnet.

Die platonische oder geistige Liebe verbindet Gedanken mit der emotionalen Liebe. Es handelt sich also um ein gemischtes Gefühl. Vertiefung hinsichtlich der Klassifikationen in einem der nächsten Beiträge.

5. Die drei Erkenntnisformen nach Rogers

Laut Rogers(Zusammenfassung nach Linster (1980, S. 179)) gibt es drei Erkenntnistheorien.

Die subjektive Erkenntnis. Dieses ist nicht die klassische Subjektivität einer Meinung sondern bezieht sich auf die Erkenntnis der eigenen Gefühlslage. Zum Beispiel hasse ich jemanden oder will ich ihn weniger stark hassen .

Die objektive Erkenntnis. Hier handelt es sich um die Erkenntnis im klassischen Sinne unter Zuhilfenahme unserer Logik und Empirie.

Die intersubjektive oder emphatische Erkenntnis. Diese ist weit komplizierter als das auf den ersten Blick erscheint. Das Hineinversetzen in den anderen, insbesondere hinsichtlich seiner gefühlsmäßigen Lage oder seiner Sichtweise bezogen auf das Wertesystem. In der vereinfachten Form auch mitführen genannt. Auf den ersten Blick scheint uns das ungewohnt aber dennoch ist es für viele möglich.

Die emphatische Erkenntnis ist insofern kompliziert, wie die Phänomenologie als auch die Kantsche ästhetische Wahrnehmung, das Verständnis dieser Erkenntnisraum erheblich erschweren.

Zuerst sei der Zusammenhang verdeutlicht, den die emphatische Erkenntnis mit der Phänomenologie aufweist.

Ist die Realität für den einfühlenden und für den, in den eingefühlt wird gleich also objektiv, so wäre es relativ einfach. Die emphatisch Erkennende müsste sich nur in die Gefühlslage des anderen hineinversetzen. Da von beiden die Realität unterschiedlich wahrgenommen werden kann und in der Regel wahrgenommen wird, muss der Einfühlende sich nicht nur in die Gefühlslage des anderen versetzen sondern auch die Realität, so wie dieser sie wahrnimmt,berücksichtigen.(siehe oben der Vorgang des Symbolisierens bzw. bilden von Phänomen). Alle oben genannten drei Dimensionen müssten dabei Berücksichtigung finden.

Welche relevanten Wahrnehmungskanäle bzw. welcher Wahrnehmungskanal wird genutzt?

Welche relevanten Eigenschaften der betrachteten Realität werden symbolisiert?

Welche relevanten Gefühle werden symbolisiert?

Welche relevanten Wahrnehmungskanäle werden nicht oder nur eingeschränkt genutzt?

Welche relevanten Eigenschaften der Realität werden nicht symbolisiert, sind unbewusst?

Welch relevanten Gefühle sind unbewusst, werden also nicht symbolisiert (Charakter, gegenwärtige Gefühle?

Die gleichen Fragen müsste sich der, die emphatische Erkenntnis nutzende Beobachter gleichfalls stellen! Insbesondere müsste der Beobachter seine Relevanz und die Relevanz des Beobachteten hinsichtlich der oben gestellten Fragen, überprüfen (Unter anderem mittels Supervision).

6. Humoristisches Beispiel zur emphatischen Erkenntnis

Zu der emphatischen Erkenntnis und der Begrenztheit der logisch empirischen Erkenntnis gibt es ein humoristisches Beispiel.

Fünf Wissenschaftler haben in der völligen Dunkelheit ein Objekt aufgespürt. Sehen können sie nichts. Zu hören sind nur die Zirpen und der Wind. Das Riechorgan ist ausgeschaltet. Lecken an dem Objekt, das möchten sie nicht. Verbleibt nur der Tastsinn. Der Tastsinn ist bei allen Forschern verkümmert oder eingeschränkt. Die Wissenschaftler konzentrieren ihren Tastsinn auf das Erspüren von Formen. Der eine Forscher sag,t der Gegenstand ist rund und dick. Es erfolgte in sein Bewusstsein ein Verknüpfen und er kommt nach Prüfung der Gegenstände, die er kennt zu dem Ergebnis," es handelt sich bei einem runden, dicken Gegenstand zweifelsohne wird es sich um eine Säule handeln. Ein Baum oder eine Röhre wären sicherlich auch möglich. Sein Tastsinn kann nur glatt und rau unterscheiden. Kalt und warm kann er aufgrund der sehr warmen Umgebung ebenso nicht unterscheiden oder betrachtet er nicht. Es fühlt sich glatt wie ein Stein an. Eine Stahlröhre hat er noch nicht ertastet. Der Wissenschaftler kommt zu dem Schluss, „bei dem Gegenstand handelt es sich um eine Säule." Dorisch, ionisch oder römisch." Das wäre noch zu untersuchen!

Alle anderen an der Untersuchung beteiligten haben die gleiche Wahrnehmungseinengung bzw. die gleichen Wahrnehmungsdefekte. Der nächste Wissenschaftler kommt zu der Erkenntnis, „das ist ein dicker Schlauch rund und innen hohl, ziemlich dick, das sind seine betrachteten Eigenschaften." Ein Dritter meint, „ es handelt sich um eine Wand. Ein vierter entdeckt seiner Meinung nach zwei riesige, große Blätter. Flexibel, 50-80 cm in den Abmessungen, eine eigenartige Form. Der fünfte entdeckt einen von unten nach oben gebogener, spitz zu laufende, gekrümmte, undefinierbaren Gegenstand. Es werden drei weitere Wissenschaftler hinzugezogen und befinden, wie der erste, da sie an verschiedenen Standorten suchen es handelt sich um runde, dicke Säulen. Dass sie an verschiedenen Standpunkten suchen, ist ihnen nicht bewusst.

Tausende von Wissenschaftlern stürzte sich auf das Erforschen der Säule. Sie kommen alle zu dem gleichen Ergebnis 100 Wissenschaftler untersuchen jeweils die Wand. 100 Wissenschaftler die Blätter. Weitere 100 Forscher den waagerechten, von unten nach oben gebogenen undefinierbaren Gegenstand und weitere 100 den Schlauch. Jeweils 1000 Wissenschaftler untersuchen die vier verschiedenen Säulen. Das macht zusammen 4000 Untersuchungen. Somit haben 1000 Forscher mit 4000 Untersuchungen die Bestätigung und empirische Überprüfung bekommen, dass der Gegenstand eine Säule ist. Damit steht das Ergebnis vorläufig, solange nicht die Widerlegung gemäß Popper erfolgt, fest. Der Gegenstand ist eine Säule!

In der Regel stehen Ihnen als Leser dieser wissenschaftlichen Untersuchung nur die oben durchgeführten Ausführung zur Verfügung. Der Bericht ist für das breite Publikum bereits sehr objektiv. Meistens werden nur die Ergebnisse der überwiegenden Anzahl von Wissenschaftlern hier 1000 und ihre 4000 Untersuchungen veröffentlicht. Die Mehrheit hat recht. Die Medien filtern diese Ergebnisse, damit der Leser nicht überfordert ist oder im schlechtesten Fall, arbeiten die Medien im Sinne von Interessengruppen.

Welchen Schluss ziehen sie aus den doch bereits sehr objektiven Darlegungen? Keine Ahnung! Die Mehrheit der Wissenschaftler wird schon Recht haben. Es bilden sich in der Öffentlichkeit verschiedene Gruppen. Die einen meinen, es handelt sich um Blätter, die andern um spitze, gebogene Gegenstände, eine Wand oder Schläuche und es werden alle möglichen einleuchtenden oder abstrusen Argumente angeführt. Einige behaupten sogar, es handelt sich um außerirdisches oder Aliens.

Da kommt ein Wissenschaftler mit einem weiter entwickelten Tastsinn und stellt fest, die Säule ist aus Leder,eine Art Haut. Eine Sensation! Ledersäulen! Was ist das?

In den Wald des Bewusstseins, der Phänomene ist eine kleine Heideggersche Lichtung geschlagen. Die Wissenschaftler rätseln. Das Publikum ist erstaunt. Das könnte Nobelpreis fähig sein. Die anderen Wissenschaftler kommen ebenso zu dem Ergebnis, dass die Wand, die Blätter und der Schlauch aus Leder sind. Der waagerecht von unten nach oben verlaufende, spitze Gegenstand ist nicht aus Leder. Nun einige von ihnen haben sicher bereits eine Idee um was es sich handelt? Viele von ihnen haben sicher noch keine Idee. Oder irre ich da. Nun woher kommen die Ideen, die einige von ihnen haben, seien sie nun richtig oder falsch?

Idee kommt vom griechischen Wort Eidos. Vom Daemon, dem Mittler zwischen Gott und den Menschen, der Licht oder Erleuchtung bringt. Eine Eingebung oder von Gott, dem Einen kommende Offenbarung. Ein geistiger Blitz eine Erscheinung. Eine Erscheinung im Bewusstsein. Manche sagen dazu Intuition. Einsteins $E = mc^2$ war angeblich so eine Erscheinung, Intuition oder Eingebung. Anschließend wurde der mathematische Zusammenhang von ihm bewiesen. Lange war das Ergebnis nicht anerkannt weil es empirisch bzw. experimentell nicht festgestellt werden konnte. Das Gefühl als Steuerungsinstrument unseres Bewusstseins setzt die Einzelteile oder die wahrgenommenen Teile erkennend zusammen und es bildet sich eine Vision. Ein Intelligenzforscher oder Psychologe könnte nun einwenden, dass die logische Erkenntnis durch Formenvergleich und – zuordnung zu dem Ergebnis kommen könnte. Die logisch, empirische Erkenntnis wirkt sicher bei uns Menschen mit ein. Das Gefühl oder die Intuition ist der Führer durch den Wald der Erkenntnis. Ein Licht, eine Lichtung im Wald der Erkenntnis gemäß Heidegger wird geschlagen. Eine Offenbarung erfolgt. Häufig allerdings täuscht uns unsere intuitive, emphatische Erkenntnis. Die logische und empirische Erkenntnis kann uns hinsichtlich der Richtigkeit der Vision leiten.

Vision: Atomkraft ist toll. Sie löst alle unsere Energieprobleme. Energiewende: Atomkraft ist schrecklich. Vision: CO2 Reduktion löst unsere Umweltprobleme. Weit gefehlt! Die Reduktion der Gattung Mensch oder seine Wachstumsverminderung löst unsere Umweltprobleme.

Auch das war eine Offenbarung:" Es gibt noch andere Möglichkeiten unserer Gattung als den Nächsten Tod zuschlagen." Das Neue Testament von Jesus Christus! Und weitere Möglichkeiten!

Ein weiterer Wissenschaftler untersucht das Objekt und bringt die einzelnen Teile in Beziehung. Schlauch, Wand, vier Säulen und zwei große Blätter einer einzigartigen Form, alle diese Teile haben eine lederartige Haut. Zwei spitze von unten nach oben geborene, undefinierbare ca. 2 m lange waagerechte Objekte sind glatt und nicht von einer lederartigen Haut überzogen.

Haben Sie eine Vision? Er hatte eine! Vielleicht fand er noch am Ende des Objektes eine am Ende ausgefranzte , dickere Leine ebenfalls überzogen mit einer lederartigen Haut.

Fast alle von ihnen wissen jetzt um was es sich handelt! Wer es nicht weiß. Kleiner Tipp. Es bewegt sich, kein laufen und es ist warm. Das Ohr wird neben dem Tastsinn eingeschaltet. Es trompetet. Noch ein Tipp:" Aus dem Schlauch". Sie haben das Objekt erkannt. Aber nur weil sie das Tier schon einmal gesehen und gehört haben. Hätten sie das Objekt noch nie gesehen, müssten sie es bezeichnen bzw. benennen und klassifizieren zum Beispiel: Wuschelprusst aus der Gattung der Organons. Weder Raubtier noch Vogel. Ein Pflanzenfresser.

Wir kennen das Objekt natürlich unter der Klassifikation, Säugetier als Elefant. Schalten wir das Auge ein und das Licht an, so hätten wir es sofort erkannt.

Unsere Wahrnehmungskanäle und die betrachteten wahrgenommenen Eigenschaften des Objektes führen uns oftmals in die Irre und ebenso viele unserer Wissenschaftler.

7. Beispiel für Symbolisation und Wahrnehmung

Die Steuerung der Handlungen von Säugetieren durch Gefühle, zu denen der Mensch gehört, ist wesentlich älter als die Steuerung durch symbolisierte Begriffe. Die durch die Wahrnehmungskanäle wahrgenommenen Umweltereignisse führen bei Tieren unter anderem zu Flucht-, Aggressions-, und Sexualverhalten. Ähnliche Verhaltensweisen gibt es bei Menschen in Extremsituationen.

Der Mensch kann mittels seiner Begriffe, Symbole und Modellen, die Situationen differenzierter einschätzen als die Tiere. Dies gilt in der Regel nur dann, wenn er genügend Zeit dafür zur Verfügung hat.

Die Flucht wird durch Angst ausgelöst.

Der Angriff oder die Aggression wird durch Mut ausgelöst.

Sexualität wird nicht immer aber häufig durch Liebe ausgelöst.

Um den Zusammenhang zwischen Emotionen und Symbolen erklären, zu können ist der Prozess der Wahrnehmung von besonderer Bedeutung.

Bei Säugetieren ist der Wahrnehmungskanal Nase (riechen) besonders gut ausgeprägt. Der Begriff wittern wird bei Jägern als das Riechen von Wildtieren bezeichnet. Bei Hunden ist der Wahrnehmungskanal der Nase ebenso von besonderer Bedeutung. Sie schnüffeln an jedem und allem herum und können die Fährte von Säugetieren und Menschen sehr gut verfolgen. Die Hunde symbolisieren durch den sehr eigenen Geruch die Umwelt und Objekte insbesondere Säugetiere und Menschen.

Das Wild prüft ständig die Umwelt auf potentielle Gefahren. Die Wahrnehmungskanäle werden in folgender Reihenfolge in der Regel benutzt.

Durch die Nase mittels wittern(Gerüche feststellen)

Mit dem Ohr um bedrohliche Geräusche festzustellen

Mit den Lichtern(Augen), wie es in der Jägersprache heißt

Das feinste und zuverlässigste Organ ist bei Wildtieren die Nase. Um ein Objekt wittern zu können, muss der Wind aus der Richtung des Objektes wehen. Objekte die nicht im Wind stehen sondern in der Gegenrichtung, kann das Tier nicht riechen.

Um weitere potentielle Gefahren zu erkennen, die nicht den Nachteil des Windes haben, setzt es den zweitbesten Wahrnehmungskanal ein, das Ohr. Die Geräusche werden gemäß Gefahrenpotenzial symbolisiert.

Als letzter nicht gut funktionierender Wahrnehmungskanal wird das Auge eingesetzt. Das geschieht häufig parallel mit dem Ohr. Auge und Ohr haben für das Wild einen großen Nachteil. Beide Wahrnehmungskanäle können nur die Bewegung der Objekte feststellen bzw. symbolisieren. Bewegt sich die Bedrohung nicht, Mensch oder Raubtier, kann das Wild die Gefahr nicht symbolisieren bzw. wahrnehmen. Als Förstersohn konnte ich dieses Verhalten beim Anpirschen oder auf dem Hochstand gut beobachten.

Angemerkt sei noch das Wildschweine sehr schlechte Augen haben, sie können nur hell und dunkel unterscheiden. Einen Frischling zogen wir, bis er drei Jahre alt war, auf. Lief er auf der Försterei herum, so erkannte er den Jägerzaun nicht, weil das Licht durch den Jägerzaun hindurch schien und er lief dagegen. Den weißen VW-Käfer vor dem Haus erkannte er ebenso nicht und lief gegen ihn.

Das Erkennen und Symbolisieren von Objekten ist nicht nur bei den Menschen sondern auch bei den Tieren von zentraler Bedeutung. Die Symbolisierung erfolgt mittels verschiedener Wahrnehmungskanäle und Eigenschaften der Realität, zum Beispiel verschiedene Gerüche bei Säugetieren oder verschiedener Begriffe bei Menschen.

In diesem Zusammenhang sei auch Süßkind, das Parfüm genannt und nicht zuletzt der ertragreiche Wirtschaftsbereich der Parfümhersteller.

Sie verzeihen mir in diesem Zusammenhang das Anführen einer persönlichen Erfahrung. Nach einer Wanderung durch die bayerischen Alpen erreichten wir den Gipfel auf 2400 m. Die Sonne schien, der Wind wehte und tiefer gelegene Wolkenschwaden erreichten uns ab und zu. Zuvor hatte ich mich intensiv mit der ästhetischen Wahrnehmung von Kant beschäftigt. Ich hatte eine für mich unglaubliche Erfahrung des Wahrnehmungskanals der Haut (Tastsinn). Mir war es möglich anhand der kühler und wärmer werdenden Stirn zu unterscheiden, ob der Wind, die Nässe der Wolkenschwaden oder die hinter den Wolken verschwindende Sonne meine Stirn abkühlten.

Literatur

Gadamer, H. G.: Die Aktualität der Schönen. Reclam, Stuttgart 1977, gedruckt 1998

Linster, H. W.: Gesprächspsychotherapie. In: Linster, H. W., Wetzel, H. (Herausgeber) Veränderung und Entwicklung der Person: Grenzen und Möglichkeiten psychologischer Therapie.

Hoffmann und Campe, Hamburg 1980 S. 170-129

Rogers, C. R.: Die klientenzentrierte Gesprächspsychotherapie. Kindler, München 1976

Gebundene Bücher bei Amazon erschienen.

Suchbegriff: Bücher Hubertus Ihn

Trauer Bd. 1

Theorie des Bewusstseins

Emotionen kontrollieren

Depressionen Trauer Bd. 2

Emotionen, Emotionen erkennen

Emotionssoziologie, Kritische Theorie

E-Books, Hubertus Ihn, unter Amazon, Kindle zu finden

Kritische Theorie Bd. 1, von Adorno zur humanen Gesellschaft

Kritische Theorie Bd. 2, Empörung der Bürger

Kritische Theorie Bd. 3 / Theorie der kognitiven Psychologie unter Berücksichtigung der Phänomenologie

Kritische Theorie Bd. 4 / Theorie der Emotionen

Kritische Theorie Bd. 5 Zeitalter des Emotionalismus

Freude

Psycho in Athen (Ordysseus) Roman

Sammelband Gefühle

Trauer Bd 1

Depression Trauer Bd 2

Angst

Wut

Glück

Theorie der Emotionen

Theorie der Kognitionen

Theorie des Bewusstseins

Theorie der Psychologie

Hoffmann und Campe, Hamburg 1980 S. 170-129

Rogers, C. R.: Die klientenzentrierte Gesprächspsychotherapie. Kindler, München 1976

Gebundene Bücher bei Amazon erschienen.

Suchbegriff: Bücher Hubertus Ihn

Trauer Bd. 1

Theorie des Bewusstseins

Emotionen kontrollieren

Depressionen Trauer Bd. 2

Emotionen, Emotionen erkennen

Emotionssoziologie, Kritische Theorie

E-Books, Hubertus Ihn, unter Amazon, Kindle zu finden

Kritische Theorie Bd. 1, von Adorno zur humanen Gesellschaft

Kritische Theorie Bd. 2, Empörung der Bürger

Kritische Theorie Bd. 3 / Theorie der kognitiven Psychologie unter Berücksichtigung der Phänomenologie

Kritische Theorie Bd. 4 / Theorie der Emotionen

Kritische Theorie Bd. 5 Zeitalter des Emotionalismus

Freude

Psycho in Athen (Ordysseus) Roman

Sammelband Gefühle

Trauer Bd 1

Depression Trauer Bd 2

Angst

Wut

Glück

Theorie der Emotionen

Theorie der Kognitionen

Theorie des Bewusstseins

Theorie der Psychologie

Liste von E-Books die unter Amazon, Kindle, Hubertus ihn zu finden sind

http://www.amazon.com/s/ref=nb_sb_noss?url=search-alias%3Dstripbooks&field-keywords=hubertus+ihn

In gedruckter Form ist das Werk, Theorie des Bewusstseins mit den beiden Bänden Theorie der Emotionen und Theorie der Kognitionen zu erhalten.

Theorie der Emotionen und Kognitionen ist als E-Book unter Amazon, Kindle als auch in allen klassischen Vertriebskanälen, wie Hugendubel, Thalia, Apple Store usw. zu erhalten.
hubertus.ihn@gmail.com oder rufen Sie mich unter der Nummer 015155877480 an

Leseproben:

Die sechs positiven Gefühle. Und aus: Die Kunst der Gefühle

Lust

Die Lust, das Gegenteil des Leides, ist das schillernste reinste Gefühl. Wie bei den anderen Gefühlen gibt es die körperliche, gedankliche (geistige) und rein emotionale bzw. gefühlsmäßige Lust. Die Lust ist eine Steigerung des Wohlseins und hat eine starke Verbindung zur Freude, Liebe und Mut. Starke Lust führt häufig zu seinem Gegenpol, dem Leid.

Epikur verbindet die Freude mit Lust. Konfuzius sieht die Freude in Verbindung mit dem Satz, „der Weg ist das Ziel".Der Buddhismus verbindet Freude mit der rechten Lebensweise, Ausgeglichenheit und Selbsterkenntnis und kennt weiterhin die Mitfreude. In diesem Zusammenhang wird auch noch das Mitleid von Nietzsche und Schopenhauer als Gegenteil genannt.

In der heutigen Kommunikationslehre wird das Mitgefühl, Empathie genannt, als entscheidend für die Förderung der Kommunikation angesehen.

Lust kennzeichnet eine verstärkten, möglicherweise zu starken Ausschlag bzw. Erregung der positiven Gefühle. Die verstärkte bzw. zu starke Liebe, Freude oder das verstärkte bzw. zu extreme Wohlsein und der zu starke bzw. ausgeprägte Mut, möglicherweise auch die zu ausgeprägte Gelassenheit empfindet der Mensch als Lust.

Auf die Lust, der verstärkten positiven Gefühle, erfolgt häufig, wie bei Alkohol, wie der

Vita

Hubertus ihn unterrichtet seit über 30 Jahren an verschiedenen Universitäten (u.a. Leuphana, Lüneburg, Open University (Fernuniversität Hagen), Universität Göttingen, Philosophie, Psychologie, Unternehmensführung und Marketing.

Der Autor verfügt über eine pädagogisch orientierte Ausbildung in humanistischen Therapieverfahren der Universität Bremen. Inhalte: Gesprächstherapie nach Rogers, Gestalttherapie (Perls), Bioenergetik (Lowen), Transaktionsanalyse, Familientherapie (Satir) und Psychodrama (Moreno).

Außerdem besitzt er tiefgreifende Erfahrung in Meditation und dem 8 stufigen Raja Yoga, inklusive Hatha Yoga und Pranajama.

Als Berater ist Hubertus Ihn für verschiedene DAX und Dow Jones sowie kleinerer und mittelständischer Unternehmen tätig.

Weiterhin ist er Autor zahlreicher Publikationen in den Bereichen Marketing, Philosophie und Psychologie und Publikationen und Filmen über Psychologie und Unternehmensführung.

Volksmund sagt: „Der Kater!"

Bei sehr starken Ausschlägen der positiven Gefühle, wie der Freude oder der Liebe erfolgt das Leid in Form von verstärkter Trauer oder größerem Hass.

Bei enttäuschter Liebe oder der Trennung von Ehepartnern ist dieser Verlauf der Gefühle häufig zu beobachten.

Manisch depressive Zustände verdeutlichen die oben ausgeführten Zusammenhänge am geeignetste:

Auf die übersteigerte Freude, wie im siebten Himmel, erfolgt die Niedergeschlagenheit bzw. ein trauriger Zustand. Häufig bis zum Endzustand, der Melancholie. Nach einer Weile wiederholt sich dieser Prozess. Der betroffene manisch depressive Mensch kann in diesen Verlauf nicht eingreifen. Er erfährt diese übersteigerte Freund als Lust und ist dann der Trauer als emotionales Leid ausgesetzt. Der außenstehende Therapeut oder Angehörige kann diesen Verlauf beobachten aber bisher, außer mit Medikamenten dem Betroffenen nicht helfen.

Die emotionale Freude ergreift häufig den Körper über die Lachmuskeln, einen erhöhten Blutdruck, strahlende Augen und einer positiven Ausstrahlung über die Haut. Weiterhin ergreift die emotionale Freude, die Gedanken in Form von positiven, witzigen und-so-weiter-Gedanken.

Der übersteigerte Zustand der Freude überstrahlt alle inneren und von außen kommenden Gefühle und nimmt Besitz von dem Körper und dem Geist bzw. den Gedanken.

Die übersteigerte Freude äußert sich in emotionaler Lust.

Daraus können körperliche Lust und gedanklichen Lust folgen.

Dieser Zustand der Lust ist von dem Menschen nicht durchzuhalten. Jetzt tritt das Leid in Form von Depression (Niedergeschlagenheit) , Trauer und Melancholie ein.

Dieses Leid in Form von Niedergeschlagenheit, Trauer und Melancholie verbreitet sich dann häufig im menschlichen Körper und erfassen seine Gedanken (Geist).

Die Folge sind: Heruntergezogene Mundwinkel, traurigen Augen, eine Schwere des Körpers, eine verminderte Reaktionsfähigkeit des Körpers und des Geistes usw.. Negative oder wie der Volksmund sagt: " Schwarze Gedanken „erfassen den Geist.

Exkurs: Mitfreude, Mitleid, Mitgefühl (Empathie)

Wenn man die oben erwähnte buddhistische Mitfreude, das Schopenhauersche und Nietzsches Mitleid sowie das heute in aller Munde geführte Mitgefühl (Empathie) weiterdenkt, müsste es auch:

Die Mitliebe

Den Mitmut

Die Mitgelassenheit

Die Mitlust

Das Mitwohlsein geben.

Ganz zu schweigen von dem Mithass und der Mitangst, usw.

Der Unterschied von Gefühlen und Emotionen

Ich selber war bis zu dem 30. Lebensjahr manisch depressiv. Entweder war ich völlig aufgedreht und lustig. Ich wurde auf jeder Party als Entertainer eingeladen. Oder ich wollte niemanden sehen und die Niedergeschlagenheit ergriff mich.

Ich konnte weder bei andern noch bei mir Gefühle erkennen! Ich hatte also keine Wörter bzw. Begriffe für die Gefühle oder Emotionen. Medikamente habe ich nie genommen. Angst kannte ich nicht. Menschliche Gefühlszustände konnte ich auch außerhalb von mir nicht erkennen.

Dafür hatten selbst die alten Griechen ein Wort. Sie bezeichnen solche Menschen wie mich, als Alogothymiker. Sie haben sicher dieses Wort noch nie gehört. Mir ging es ebenso.

Das griechische Wort Thymus bedeutet Gefühl oder Emotion (lateinisch).

Logo bedeutet das Wort.

A bedeutet kein oder nicht.

Der Alogothymiker ist diejenige Mensch, der keine Wörter für die Gefühle oder Emotionen kennt.

Gefühle bewegen sich im Inneren des Menschen. Betrachten wir das Mitgefühl, so wird der Unterschied zwischen Gefühlen und Emotionen am deutlichsten.

Ein Mensch nimmt durch die fünf Wahrnehmungskanäle (sehen, hören, schmecken, riechen, tasten) oder durch das direkte Fühlen, die Gefühle eines anderen Menschen wahr. Er sieht, hört, schmeckt, riecht, tastet oder erfühlt die Angst, Freude usw. des andern. Der Mitfühlende ängstigt oder freut sich mit dem Nächsten. Selbst wenn er nicht das gleiche Gefühl zeigt, also mit dem jeweiligen Gefühl mitschwingt, wird er Verständnis für die Gefühlslage der Angst oder der Freude sprachlich äußern. Die Gefühle sind meistens dem Charakter nach schwächer als die Emotionen.

Emotion aus dem lateinischen übersetzt, bedeutet: Aus der Ruhe, in die Bewegung, heraustreten. Ein innerliches Gefühl kann nach außen nicht oder nur sehr schwach sichtbar sein bzw. sich äußern.

Je stärker das Gefühl wird und je weniger es kontrollierbar ist, desto mehr verwandelt es sich in eine äußerliche aber auch innerliche wahrnehmbare Emotion.

Ein weiterer Unterschied zwischen Gefühl und Emotion besteht darin, dass mit dem Gefühl, Geschehnisse wahrgenommen werden können. Mit der Emotion bzw. den Emotionen sind Wahrnehmungen nicht möglich. Die Emotionen bewegen den Menschen und werden durch gedankliche, sprachliche und körperliche innere und äußere Zeichen deutlich.

Geübte Menschen können diese Emotion auch direkt durch den sechsten Wahrnehmungskanal, des Fühlens registrieren

Gemüt

Gemüt bezeichnet die Grundzustände der Beweglichkeit des Gefühls. Während Emotion die Ausprägungen des Gefühls bezeichnen, wie Wut, Angst, Trauer, Schmerz usw.

Gemütszustände und - typen

Gemüt ist abgeleitet von Mut. Gemütlichkeit bedeutet Behaglichkeit. Platon unterteilt im Phaidros die Seele in Gemüt (thymos) und Trieb.

Adjektive für das Gemüt: Sonnig, schlicht, sensibel, heiter, kindlich, sanft, empfindsam. (Duden, computergeneriert), erregte Gemüter, aufs Gemüt schlagen – jemanden deprimieren, Duden im Internet) Hinzuzufügen sind: Reizbares, phlegmatisches, ruhiges und energisches und stabiles Gemüt, (vgl. Clausewitz unten), sehr regsam (beweglich), wenig regsam (unbeweglich)

Clausewitz: Das starke Gemüt kommt nicht aus dem Gleichgewicht.

4 Gemütstypen nach Clausewitz (vgl. Wikipedia):

Wenig regsam: Phlegmatisch

Sehr regsam: Menschen deren Gefühle nie eine gewisse Stärke übersteigen – Gefühlvolle, ruhige Menschen)

Sehr reizbar: Gefühle entzünden sich schnell und heftig wie Pulver, sind nicht dauerhaft

Die Gefühle kommen nur langsam in Bewegung, können große Gewalt annehmen und sind andauernd: Diese Menschen sind energisch mit tief versteckt liegenden Leidenschaften (Gefühlsmäßig geprägter Charakterstruktur).

Menschen mit schnell wechselnden Gefühlszuständen werden

in der Psychopathologie mit dem Wort Borderline Syndrom bezeichnet.

Die sechs positiven reinen Gefühle

Die sechs positiven reinen Gefühle beseelen der Menschen. Liebe, Freude, Mut, Gelassenheit, Wohlsein und Lust führen den Menschen zum Leben und ins Leben.

Die sechs negativen reinen Gefühle sind dem Menschen gegeben, um ihn zu warnen. Ebenso sind sie ein Gegengewicht zu den sechs positiven reinen Gefühlen und Verteidigungs- und Angriffsinstrumente.

Um den Menschen im Leben zu warnen, ist ihm insbesondere die Angst gegeben.

Das Leid dient zur Warnung vor der Lust, die eine zu starke Hingabe an die positiven Gefühle, Freude, Liebe, Mut, Wohlsein, Gelassenheit anzeigt.

Der Hass warnt vor zu viel Liebe.

Die Trauer warnt vor zu viel Freude. Neben diesem warnenden Charakter der Trauer, erfüllt sie Funktionen um mit einem Verlust umzugehen bzw. um wieder ein stabiles emotionales Gleichgewicht zu finden.

Hass und Wut können Verteidigungs-. und Angriffsfunktionen übernehmen

Liebe

Man kann drei Arten der Liebe unterscheiden.

Die **körperliche Liebe** oder sexuelle Liebe.

Die geistige oder platonische Liebe, die sich auf Gemeinsamkeiten der Gedanken und Interessen stützen (**Gedankliche Liebe**).

Die **reine emotionale Liebe**. Vater Liebe, Kinder Liebe, Liebe zu einem Freund, Liebe zur Welt usw.

Die Spielformen der Liebe:

Der emotionale Charakter der Liebe bedeutet für viele Menschen Zuwendung, Zuneigung, sich wohl fühlen. Bei dem Verlust des Geliebten, Trauer empfinden. Gleichklang empfinden, ist mit Liebe verbunden. Es kann, und da wird es kompliziert, auch das Lieben gemeinsamer Dissonanz gemeint sein oder die masochistische oder sadistische Liebe. Im Extremfall die Nekrophilie, die Liebe zum Tod bzw. die Totenliebe. Auf der anderen Seite, die Liebe zum Kind.

Diese reinen Ausprägungen der emotionalen Liebe können in die zweite Form der körperlichen bzw. sexuellen Liebe übergehen.

Die dritte Form der Liebe ist die platonische oder geistige Liebe. Hier verknüpft sich die emotionale Liebe mit den Gedanken. Interessen, Denkweisen, Anschauungen, gemeinsame Handlungen und Werten der Menschen. Sie lieben die gleichen Gedanken und Handlungen. Golf, Fußball, Autos, Kinder, Luxus, emphatisches Verhalten, die Liebe zur Philosophie, Physik, Medizin usw. verbinden die Menschen.

Um sich mit dem Begriff der Liebe auseinander zusetzen, sei Platons Symposium empfohlen. Symposium ins Deutsche übersetzt heißt: Das Gastmahl. Im Gastmahl erzählt Sokrates sehr kurzweilig von der Liebe und deren Formen. Die Ausführung sei nicht von ihm sondern er hätte es von einer weisen Frau namens Diotima gehört. Die Liebe ist eine Art Göttin im Pantheon der alten Griechen.

Weitere Vertiefung zu dem Thema in Erich Fromm, Kunst des Liebens, und Menschliche Destruktivität.
Der erste Absatz unter Formen der Liebe bezeichnet die reine Form der Liebe. Die emotionale Liebe verbindet sich nicht mit dem Körper oder den Gedanken.

Die sexuelle Liebe wird auch als körperliche Liebe bezeichnet. Die Liebe als Emotion verbindet sich mit den Körper. Das wird als gemischtes Gefühl bezeichnet.

Die platonische oder geistige Liebe verbindet Gedanken mit der emotionalen Liebe. Es handelt sich also um ein gemischtes Gefühl. Vertiefung hinsichtlich der Klassifikationen in einem der nächsten Beiträge.

Leseprobe

Psycho in Athen (Ordysseus Götterdämmerung)

Eine abenteuerliche Reise durch die innere und äußere Welt der Gefühle und der Psyche.

Das ist ein im 20. Jahrhundert in Deutschland spielender Fortsetzungsroman mit Einschüben aus der Welt der Psychologie und Phänomene. Die Hauptfigur, Ordysseus wird in den 1950 er Jahren in Deutschland in einer gutbürgerlichen Försterfamilie Widerwillen geboren. Der Protagonist betritt nach dem Tod seiner Mutter das Land hinter den Spiegeln. Es beginnt die Odysse der unvollkommenen Seele.

Emotionale Wellen mal pulsierend, mal changierend und mal elektrisierend, ergriffen Besitz von mir. Das Meer von Emotionen in Form von Wellen durchflutet mich. Meine Haut lud sich ab und zu auf. Luftbläschen stiegen in der Badewanne von meiner Haut auf . Vielleicht die elektrische Entladung? Die Wahrnehmungen spielten verrückt! Mal wurde die eine Hälfte meines Körpers heißer als die andere und umgekehrt.

Anfang Juni 1983 gerät er mehr oder weniger unfreiwillig zwischen die Fronten der Geheimdienste der verfeindeten Blöcke des Warschauer Paktes und der NATO insbesondere der UdSSR und den USA. Die Ängste von O und die gegenseitigen Ängste des KGB und der CIA sowie deren Regierungen vermischen sich. Lichterketten der Friedensbewegung durchziehen Deutschland.

O`s Angst und Psyche wird sechs Monate lang zum Kristallisation- und Dreh- und Angelpunkt des Weltgeschehens.

Atomblitz über Hamburg. Geheimdienstrangeleien in Athen. Fünf US amerikanische Interkontinentalraketen mit Atomsprengköpfen werden auf den Radarschirm eines sowjetischen Oberst sichtbar. Er hat Order ohne Rückfrage einen Gegenschlag anzuordnen.

Folgende immer wiederkehrende Träume begleiten das Geschehen:

Der in der Dunkelheit liegende Schießschartenbunker

Das kleine Zimmer mit den hohen Wänden und dem unerreichbaren, sonnenbeschienen Fenster

Das strubbelige, fratzenhafte und psychisch defekte Kind

Das Fliegen des Ordysseus, Ankunft in Ithaka

Ordysseus Götterdämmerung

Die vier Träume des Ordysseus

Ordysseus Geburt

Erster Traum und Ordysseus Kindheit 1952 -1960, der Harz

O reist zurück an den Anfang des 20. Jahrhunderts und dem Ende des 19. Jahrhunderts.

O auf der Suche nach Sinn

O`s Suche in der Geschichte, Musik und Literatur

O und der Ursprung der Seele oder des emotionalen Feldes

Religiöse Erklärung (Ein Gottesbeweis)

Nicht religiöse Erklärung

Stimmungen, Schattierungen der Seele ausgelöst durch Töne, Temperatur und Licht

O`s zweiter Traum, sein manisch/depressiver Zustand und seine Studienzeit

Tod der Mutter, Einbruch der Gefühle und Grenzerfahrungen

Emotionen, und ihr Einfluss auf Phänomene, Symbolisation und ästhetische Wahrnehmungen

O`s Familie und erste Folgen für O`s Psyche

Richtung und Ausprägung der emotionalen Bewegung

Vom Wesen der Emotionen

Elemente der griechischen und römischen Rhetorik zur Beeinflussung der Emotionen

Funktionen der Emotion

Der Blick aus dem Fenster des zweiten Traums oder der Einbruch der Gefühle in O`s Welt

Angst und Flucht

Die vier Träume des Ordysseus

Der in der Dunkelheit liegende Schießschartenbunker

Das kleine Zimmer mit den hohen Wänden und dem unerreichbaren, sonnenbeschienen Fenster

Das strubbelige, fratzenhafte und psychisch defekte Kind

Das Fliegen des Ordysseus, Ankunft in Ithaka

Ordysseus Geburt

Die Psyche. Ein unbekanntes Ding! Gibt es sie überhaupt? Der Agnostiker sagt vielleicht. Der Atheist sagt nein. Der religiöse sagt ja. Gibt es Gott? Komplizierter wird die Angelegenheit bei Aristoteles. Der Gnosticker sagt ja. Der Psychoticker sagt vielleicht. Der Hyliker also ein reiner Materialist glaubt nicht an Gott. Die Psyche aus dem altgriechischen übersetzt, bedeutet: Das Innere des Korns. Werden die Schalen von dem Korn entfernt, bleibt der Kern erhalten. Aus diesem Inneren des Korns wird Baguett gebacken. Warum glaubten die alten Griechen, dass das Leben aus dem Korn entspringt? Sie hatten in der Wüste beobachtet, dass ein dort vergrabenes Korn, gießt man Wasser darauf, zu leben beginnt. Es grünt. Die alten Germanen bezeichnete die Psyche als Seele. Aus dem altdeutschen übersetzt, bedeutet Seele die aus dem Wasser kommende. Wirft man ein Korn in das Wasser, von dem die Germanen umgeben waren, so grünte es. Es entstand Leben.

Eine junge deutsche Frau in Siebenbürgen wohnte mutterseelen allein in einer Försterei. Das nächste Haus eines Waldarbeiters lag 500 m von ihrem Haus entfernt. Die entlaufenen, russischen Kriegsgefangenen versteckten sich in den Wäldern. Ihr Mann, der Förster hielt sie in Versailles auf und war für die Jagd des kommandierenden Generals der West Front zuständig. Allein umgeben von Franzosen. Wenn er schlief lag auf seinem Bett ein entsichertes Jagdgewehr. Beide hatten Hunde in ihrem Zimmer, die anschlagen sollten, wenn sich jemand nähern würde. Das junge Paar frisch verheiratet hatte Angst. Der Förster vor den französischen Partisanen, seine junge Frau, vor den russischen, entlaufenen Kriegsgefangenen.

1943 tobte der Zweite Weltkrieg in Europa. Hitler hatte 42 verfügt, dass alle arbeitsfähigen Frauen, die keine kleinen Kinder hatten, in die Fabrik zum Arbeiten gehen müssten. Lore entschied sich für Kinder. Franz kam 1943. Er wollte nicht auf diese Welt und starb innerhalb eines halben Tages. Wolfgang kam 1944. Meinte ebenso: Keine guten Aussichten und starb nach drei Tagen. Herbert kam 1945. Auf der Flucht bei Verwandten in Magdeburg erblickte er die Welt und blieb. Im Käsewagen hinter Kisten versteckt, gelangten Mutter und Kind über die Grenze der russischen Zone. In der englischen Zone, in Bad Harzburg angekommen, erwartete sie der Förster. Nach einer sechswöchigen Gefangenschaft bei den Amerikanern am Bodensee war er durch Deutschland in den Harz geradelt und hatte als Förster bereits eine neue Anstellung. Polnische Kriegsgefangene hatten den bisherigen Förster und seine Familie erschlagen, nachdem dieser noch die alten Nazimanieren an den Tag gelegt hatte.